講談社文庫

料理沖縄物語

古波蔵保好

講談社

料理沖縄物語　もくじ

料理沖縄物語

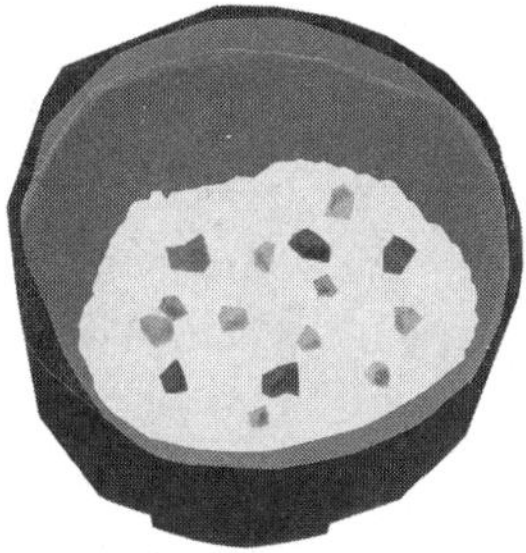

律儀者の冬至雑炊

　ちょうど夏至に当る日だった。夏至といえば、一年で一番日が長い。

　この日の朝早く、ある家に、うやうやしく腰をかがめた男が勝手口に現れて、きょう一日はたらかせていただけませんでしょうか、といったのである。

　その家の、寝室を出て身仕度をしたばかりの奥さんが男に会ってみると、見おぼえがあった。たしか去年の師走に屋敷内をキレイに片づけ、庭の手入れまでした方ですね、というと、男はうなずいて、ありがとうございました、とていねいに頭を下げる。きょうもはたらきたいのかね、と重ねて尋ねたら、男は頭を下げて答えた。

　実は去年雇って下さいましたのは、冬至の日でございます。冬至は日が短くて、朝から日暮れ時まではたらいても、十分な仕事をすることができませんでした。きょうは夏至でございますから日が長く、もう一度使って下さると、去年はたらき足らなかった分までお返しできると思います——と、まことに殊勝な申し出だったそうである。

冬至の日には早く日が暮れて、短い時間しかはたらけず、お宅にソンをかけたので、きょうは同じ給金で、日の長い一日をはたらいて、うめあわせいたしましょう、とみずから申し出てくるような、きわめて律儀な人間が昔はいたらしい。

さて、その冬至は沖縄のいいかたで「とぅうじ」、夏至は「かあちぃ」であるが、沖縄では冬至の夕食を雑炊にする習慣があった。

「雑炊」は「じゅうしい」と発音される。粥のようにすすりこんで食べる水気の多いのと、炊きこみご飯になっているのと二種あって、どっちも「じゅうしい」という。

はじめに、炊きこみご飯風の「じゅうしい」についていうと、といだ米に混ぜあわせるのは、小さくサイコロ形に切った豚肉、かまぼこ、人参と糸切りにした昆布などである。煮ておいた豆（えんどう、隠元など）を取りあわせると、なおけっこうで、以上を釜に入れると、水のかわりにダシ汁を注ぎこむ。さらに適量の醤油で味をととのえ、豚あぶらをタップリと落とすことがかんじんだ。この沖縄風炊きこみご飯をおいしくするのも、つまらなくするのも、上手に豚あぶらを使うかどうかにかかっている。

豚あぶらが少ないと、炊きあがったご飯はシットリとならない。量が多すぎたら、ジトジトして、イヤ味になるわけだ。

うまく豚あぶらを使って炊きあげたのは、ご飯の一粒ずつに光沢があって、豚あぶらの香りも高く、その光沢と香りが食欲をそそる。豚肉、かまぼこなどは減らしても、豚あぶらさえ上手に加えてあれば、おいしいご飯になることうけあいだ。つまり豚あぶらの使いかたが大事だということになるだろう。

米料理はイタリアやスペインなどでもよく食べられているし、中国風の炒飯は、とりわけ日本人の好物となっている。もちろん日本にも炊きこみご飯があって、国柄による味の違いをみせているが、わたしは、炊きこみご飯に豚あぶらを必ず入れたことに、いい味を求める南島人の知恵がこもっている、と思う。いうまでもないことだが、ほかのあぶらを使っては場違いだ。沖縄風のおいしさが生じないのである。

この「じゅうしい」は、祝いの膳に使われることも多い。客人たちは、むしろ「じゅうしい」が供されるのを喜ぶ。重箱に詰めて外へ持ちだす弁当にも、「じゅうしい」を俵形のお握りにして使う。冷えてもおいしいからだ。

一方、水気を多くして粥のように炊く「じゅうしい」には、青い野菜を入れる。その場合に適しているのはふだん草（沖縄では、みそ菜という）だ。茎が太く葉も広い野菜である。

太い茎を石で叩きながら洗うのは、アクをとるためだ。ちぎって米とともに粥のような「じゅうしい」にするのだが、やはり豚あぶらで風味をつける。当然のことながら、ダシ汁と醤油も必要だ。

ふだん草は、沖縄の家庭料理でよく使われる野菜の一つである。ホウレン草とか春菊、キャベツといった野菜は近世になって、よそから伝わってきたのではないか、と思うし、レタスにいたっては、戦後食べるようになった野菜だ。ナマのレタスを西洋風ドレッシングで食べてから、青い葉を煮ないで食卓にだす習慣がつくられたといっていい。昔は、キウリ、苦瓜《にがうり》、トマトは別として、あらゆる野菜を十分に煮たうえで口にしたのである。

土に生えるものには、回虫の卵がついているかもしれないので、野菜もろとも口に入るのを防がなければならないと思ってのことだったかどうか。いずれにしても習慣として、葉野菜は、クタクタになるのもかまわないで煮てから食べていた。

ナマで食べるのは、キウリ、苦瓜などを酢のものにする場合だったのである。

わたしがコドモだったころ、家庭の食事に使われた野菜の主なものは、たか菜、よもぎ、ういきょうといったところ。

ういきょうの葉は、雑炊粥に入れると、青々とした匂いが強くて、コドモには好かれなかったけれど、オトナは、なじみになったらやめられなくなるといっていた。

冬至の晩に食べるのは、炊きこみご飯風の雑炊であるが、きまりとして、田芋という水田でとれる濃い味の芋を切りこむ。

田芋を切りこむことに何の意味があるのか、ついぞわたしはきいていないが、とにかく一年でもっとも長い夜の食事は、わたしたちが「とぅうじ・じゅうしい」といっていたこの雑炊だけだった。

「じゅうしい」には、たいていキウリの酢のものを添えることになっている。豚あぶらで光っているご飯を食べるのだから、酢のもので口をサッパリさせるためであろう。

だが、酢のものを添えない家もあったようだし、「じゅうしい」そのものに肉やかまぼこなどを入れないで質素につくる家も多かったのに、コドモたちは、きょうは「とぅうじ・じゅうしい」を食べるんだ、となかなかうれしそうだった。

今どき、「じゅうしい」一品だけの食事を、特別なごちそうだと思う子はいないのではないか。どうしてわたしの遊び仲間であった、近所の子たちがあんなに喜んでいたのか、当時は考えたこともなく、少しはものを思う年ごろになってから、やっとわたしは気づいたのである。

あのころ、わたしの遊び仲間には農家の子が多かった。農家の人たちが常食としていたのは芋（甘藷《かんしょ》）である。毎日芋を食べて育っている子たちは、ご飯にあこがれていたらしく、だから米の「じゅうしい」がごちそうだったのであろう。

念のためにつけ加えておくと、今は芋を常食としている家などまったくないそうだ。戦前に郷里を離れて、戦後の事情にうとくなっていたわたしが、ふたたび沖縄往来をするようになって、たまたま友人たちと語りあった時のこと。昔は貧しいと芋を食べて暮らしたものだが——というわたしに、友人の一人が笑って答えたのである。とんでもない、芋を常食にしたら破産してしまう、と。

いつの間にか、芋の値段が配給の米より高くなっていた。

それはともかくとして、いつも芋を食べて暮らす人たちが、米の「じゅうしい」をおいしく食べて、長夜の寝につくまで団欒したことを思う度、ふとわたしの心に浮かびあがるのは、かつて聞いた例の話である。

冬至の日にはたらかせてもらったお返しを、夏至の日にしたいと申し出た律儀な男も、「とぅうじ・じゅうしい」をこの晩、つつましく食べたにちがいない。

これは鬼を食う口

　どうしてわたしの生まれた首里の金城（かなぐしく）が、こんな伝説の舞台になったのか、といささかの不満を感じることがある。

　――というのも、わたしの知っている金城は、没落した士族の町であったけれど、道のほとんどに石が敷き詰められ、道に沿って屋敷をかこむ石垣がつらなるといったなかなかにおもむきのある町だったし、住んでいるのは、貧に耐えながら分を守って生きている義理堅い人たちで、女たちは芭蕉布を織るなど、いつも石垣の内側から、単調でこころよい織り機の音が洩れてくるような、いわば旧士族の心根を感じさせる暮らしがあったからだ。

　そこから鬼の伝説が生まれたとは、とても考えられないのだが、金城が士族の町としてひらかれたのは、十五世紀の末あたりだったらしいので、はるかな昔には、鬼が現れても不思議はないほどの密林地帯だったのだろう。

しかし、実をいうと、鬼の話はおもしろくできている。

むかしむかし、金城に住んでいた兄と妹のうち、兄は鬼になって家を離れ、大里というところのホラ穴にこもった。どんなキッカケで突然鬼になったのか、伝説はまったく明かしてくれず、鬼になったことから話ははじまる。兄が人々におそれられているという話を伝え聞いた妹は、ある日、様子を見にいった。

兄は在宅――いやホラ穴にいて、なにやら煮ている。ソッと鍋の中をのぞくと、たしかに人間のキモや骨つき肉だ。妹が自分のキモをつぶしている時、いつの間にかそばを離れていた兄は、あちらでせっせと包丁をといでいる。

妹だろうと何だろうと、ごちそうの材料が現れたのだから、殺して食べようと思ってのことにちがいない――と、いいカンで察した妹は、すばやく逃げて、難を免がれたあと、たとえ兄とはいえ、人々に害をなすものをほっておけない、こういう兄を始末するのが血を分けた自分のつとめだ、と考えるようになった。

ところで鬼退治は、妹が出かけていって、兄と闘ったのではなく、ある日、兄がブラリと金城の家にきた時に成就する。兄が金城に戻ってきたのは、妹に招かれたためだったのかどうか、とにかく妹は、餅をつくってあるから食べさせてあげる、といい、もっと見はらしのいいところへいきましょう——などと、兄を崖の上に誘った。餅を食べながら、このおそろしい兄は、向かい側に座って、同じように餅を口に入れている妹の顔から何気なく視線を下のほうへうつすと——。

人間としての営みをしていない鬼にとっては、まだ見たこともない、もう一つの口が、着物の裾からのぞいているのに気づいたのである。

餅を食べている口は横になっているが、この口はタテになっている——と、そこまで鬼が感じたかどうかは、つまびらかでないが、いったい何のための口か、と疑問を解くため、妹に尋ねた。

ケロリとして、妹は答えたのである。兄さんは知らなかったのか。女は二つの口を持っていて、上にあるのは餅を食べるもの、下にあるのは、鬼を食べるのに使う——と聞いたとたん、鬼は仰天して、うしろへ飛びのいた。あいにくうしろは崖だったので、妹が手を下すまでもなく、鬼は転落死したという話である。

なんだか女は、鬼さえこわがるものを持っているということになりそうで、沖縄の生んだブラック・ユーモアだ、とわたしは思っているが、鬼に餅がからまる伝説は、ほかにもあって——。

むかしあったこと、あるところに鬼がいて、人々を悩ましていた。一人の知恵者が思いついて、餅の形を鉄でこしらえておき、自分はやわらかい米の餅を食べていると、鬼がヌッと入ってくるなり、オレにもよこせという。知恵者がうなずいて、鉄の餅形をさしだすと、鬼はつかみとってパクリ。もちろん鬼でも鉄には歯が立たず、こんなのを楽々と食べているヤツにはかなわんとでも思ったのだろう、一目散に山へ逃げこんで、人里に現れなくなったとさ、メデタシメデタシ——という結末になったのである。わたしがコドモのころ、沖縄の年中行事となっている十二月八日（太陰暦）の「鬼餅」由来として聞かされたのはあとの話だった。

どっちの鬼物語にも、餅がかかわっていて、いわゆる「鬼餅」の由来として以上二つの話が語られているのだが、「女は二つの口を持っている」という話をわたしが聞かせてもらえなかったのは、まだ幼い男の子に女の別口をおそれさせて、成人してのちも女を敬遠するようになっては困る、と人生の先輩たちが考えてのことだったのか。

いずれにしても、十二月八日に「鬼餅」をつくるという風習は、コドモたちを楽しくさせる行事の一つだったのである。

その「鬼餅」、口でいう場合は「むうちぃ」と発音されるのだが、気象の妙というべきか、家々の妻女たちがコドモのために「むうちぃ」をつくる日は、北風が強くなって、寒くなるということが多かった。

太陰暦の十二月八日は、太陽暦の一月も過ぎて、二月に入っていることが多く、季節としては真冬である。一般に太陽暦の冬を十二月から二月までとしているが、十二月が暖かかったりするし、だからわたしは、太陰暦の冬を信用したくなったりするわけで、十二月に入って早々の八日、寒い日になるのを、沖縄の人たちは、「むうちいびいさ」と、昔からいいならわしてきた。「びいさ」は「寒さ」という意味である。

さて、母がつくるのをいつもそばで見ていたわたしの記憶では、まず水につけておいたモチ米を石臼で挽く。挽きながら、石臼の上にあいている穴から水を注ぎこむのだが、こうして臼で挽かれ、水を加えられてドロドロの白い液体となったものがタライに溜まった。

溜まった液体を木綿の袋に流しこみ、袋の口を固く縛ってから、上に重しの石をのせる。すると水が切れていって、袋の中に真白いものが残った。真白いのを少しずつ手にとって、平たくし、「さんにん」と呼ばれている草の葉で包む。

包むのに二、三枚の葉を使って長方形にこしらえ、ほどけないように帯をさせて、芳香蒸すのである。「さんにん」は、植物の本に「月桃」という名で記されていて、芳香が強い。わたしは、かまどのそばで、この芳香を堪能しながら、蒸し終わるのを待ったものだ。コドモのころの楽しかった日の思い出に、きまって「さんにん」の香りがつきまとっている。

数十個の「むうちい」ができあがると、ちょうどスダレを編むように、両端をヒモの合わせ目にさしこむという形にしてならべ、ヒモの先を結んで、壁に掛けた。行儀よくならんで「むうちい」が垂《た》れさがっている様は、コドモの心を豊かにしたのである。なお一連の「むうちい」の中に、「ちからむうちい」と呼ばれる特大があり、これだけは「さんにん」に包めないので、ヤシに似ている「くば」の葉が使われた。

家の経済や好みによって、モチ米にモロコシの粉を混ぜるとか、黒砂糖で甘くするなど、色変わりの「むうちい」もつくられたが、真白いのには、何の味もつけられていない。

ところがコドモたちは、白くて何の味もない餅をそのままおいしく食べたのである。わたしも、甘いのより、白い「むうちい」が一番好きだった。つくって二日ほどは、餅もやわらかいままだけれど、やがて硬くなる。硬くなったのは、焼いて食べるといったぐあいで、「むうちい」が減っていくのを惜しみつつも、シアワセな日がつづいたのであるが、なぜ味をつけない「むうちい」がかくもおいしいか、と今にして思えば、「さんにん」による香りの味つけがあったからであろう。

すなわち包んだ葉の芳香が、砂糖や塩や醤油にまさる沖縄的味つけになっていた、としかいいようがない。

だが、年ごとに、冬がきたしるしのようにつくられた「むうちい」が、その年に限って、壁に垂れさがらないこともあった。

家族の誰かが亡くなって、一周忌が過ぎるまでは、喪に服しているのが習いで、祝いごとなど晴れやかな行事をひかえることになっていたのである。

いまだに忘れかねるのは、末の妹が僅か三歳だったかの年に、はかなく目をつぶってしまい、「むうちい」にありつけない淋しさとともに、自分が子守りした妹と別れた悲しみを、しみじみと味わったことだ。

「むうちい」が壁にかかっているということは、一家息災のシンボルでもあったのである。

正月のなっと味噌

つづけて二度も、沖縄には正月がやってくる。

関東のどこかから、はるばる沖縄へ観光旅行にきた婦人の一団は、一月の末だというのに、薄いブラウスを着ていた。沖縄は南の島なので、暖かいはずだと思い、セーターさえ用意していなかったのであるが、そのころは沖縄の一番寒い時季だ。

気温が十度を下ることは、まずないとしても、強い季節風の吹く日が多い。空には雲がひろがっていて、よく雨が降る。この雨を人間にぶっつける風は、海辺の高いところでは暴風なみのはげしさで、立っていられない。気温は十三度くらいでも、強い風で吹きつけられると、かなりの冷たさを感じるから、セーターを二つ重ね着したって、身震いする寒さだ。意外な寒さに震えながら滞在していた観光の一団が、那覇の街へショッピングに出かけると、「歳末大売出し」と書かれた旗が、やたら目につくので、笑いだしたそうである。

歳末どころか、自分たちは正月もすましてから、旅行を楽しもうとしているのに、南の人たちはノンビリしていて、歳末に立てた大売出しの旗をしまい忘れている——と思ったらしい。

しかし商店街のにぎわいは、どう見ても師走の様相だ。ひと月おくれの盆なら知っているが、月おくれの歳末があるなんて——と、なっとくしかねた婦人たちが、店の人に尋ねると、

「旧の師走なんです。やがて正月がきますね」

というのである。アレ、正月が、またくるの？　ときけば、店の人は、

「はい、正月には店を休みますので、今のうちにお買いものをなさっておいたほうがいいですよ」

と、当り前のように答えた。

外来の客人たちは、異国にきたと感じたらしいが、沖縄に二度の歳末と正月がくるのはたしかである。先にくるのは新暦つまり太陽暦の正月で、つぎにおくれて旧暦すなわち太陰暦による正月が——というわけだ。もともとアジア地域では、日本もふくめて太陰暦が使われていたのに、日本は明治の世になって、西洋式の太陽暦で暮らす

こととなり、いつしか多くの日本人は太陰暦のことを忘れるようになっている。沖縄の場合、あらゆる年中行事を太陰暦で営む習慣が強く根を張っているため、官庁学校などが太陽暦にしたがう一方で、住民は太陰暦による祝いごとや節日を忘れず、二つの暦を使い分ける暮らしがつづいた。だんだん太陰暦はカゲが薄くなっているものの、家々で人気のあるのは、太陽暦に太陰暦を併記したカレンダーである。

アメリカの支配下にあったころの話であるが、基地に雇われている人が、つぎのように申し出た。

「あすは正月の元日なので、休ませてもらいます」

申し出を受けたアメリカ人は、さきごろ正月休みを許した覚えがあるので、

「いったい沖縄には何度正月がくるんだ」

と、アッケにとられていたそうである。

いずれにしても正月はじめには仕事を休むというのが、東洋的習慣なので、公式には太陽暦を用い、私的には太陰暦を守って、二度休むのは、至極当り前のことだ。かくて太陰暦は沖縄の人に余分の休暇をもたらすということでも大事な存在となっている。

今は太陽暦の正月をホントの正月として迎える家庭が増え、それだけ暮らしが日本

化あるいは近代化していることを意味しているが、わたしが青年になるころまで、大正年代から昭和年代のはじめまでは、太陰暦の正月がこないと、正月らしい気分にならなかった。

旧暦の元日になると、人々は「いい正月でございます」という意味の沖縄言葉——「いい正月でえびる」とあいさつを交わす。家のあとつぎである長男を何かにつけて帯同するのが習いだったので、必ず父はわたしとともに、本家へ年頭のあいさつにいく。あいさつをしたわたしが、お茶といっしょにすすめられるのは、きまって「なっと味噌」（なっとぅうんーす）か、「こう菓子」だったのである。

「なっと味噌」も「こう菓子」も、正月にしか現れない菓子だった。近ごろは、売れるものなら、いつでもつくって買い手を満足させるくらいに沖縄の人も、いささか商売上手になったのか、正月と関係なく市場の売店に出ているが、昔は律儀に、正月がこないと売らなかったのである。もっとも、那覇の裕福な家では、売りものを使わず、大晦日前に手づくりして、日ごろつきあいの深い家や親類へ配った。

わたしの家へ届けられてくるのは、父の遊興に対するお返しのようなものだったといっていい。たぶん母は、喜んで受け取れない思いだっただろう。

那覇の「辻」と呼ばれている地名には、特別の意味がふくまれている。そこは遊女のいる家ばかりで、一つの町をなしていた。ヒトカドの男となれば、どの家かに、なじみの女性がいて、友だちと酒を飲むとか、相談ごとをするとか、仕事に疲れた心を休めるとか、もちろん色事を楽しむためなどに使う。時には宴会を引受けさせることもできるといったぐあいで、いわば男たちにとって、社交の場となっていたのである。

「辻」にいる女性を「ずり」といった。なにかにつけて「ずり」の世話になる男と彼女との縁は深く長くつづき、盆と正月前には、彼女が手土産を持って、男の家へあいさつにくる。正月前だと、手土産は「なっと味噌」と「こう菓子」にきまっていた。コドモ心の中はどうだったかしらないが、わたしの母は、笑顔で「ずり」を迎え、コドモのわたしは彼女の手土産に対して無邪気に顔をほころばせる。

年増になっている「ずり」が、二十歳前の着飾った若い「ずり」をつれてくることもあり、この子が、なれなれしく女の匂いを近づけた時は、ひどく当惑したものだった。

そういうわたしも、やっとオトナ扱いされる年齢になって、「辻」へいくことが度重なる。旧正月前のある日、忘年会に出るためだったと覚えているが、玄関に上がると、横手にある台所がにぎわっている。

何をやっているのだろうとのぞいたら、数人の「ずり」が、仕事着のまま板の間に座りこんで、「こう菓子」をつくっていた。

「こう菓子」の「こう」は、「糕」という字を当てるのが正しいのではないかと思うが、これは米粉でつくる。「らくがん」の沖縄風で、おそらく中国渡来であろう。

コドモのころに、わたしが食べた「こう菓子」は、日本の「らくがん」より、のちにわたしが台湾で食べた同種の菓子によく似ていた。沖縄風がどんなものだったかというと、落花生を粗挽きして混ぜたり、砂糖漬けにされた蜜柑の皮をつぶし、練って、ところどころにあしらうなど、味を複雑にしていたのである。

混ぜものされている米粉を、型抜きして、「こう菓子」の一つ一つをこしらえている「ずり」たちは、たいへん楽しそうだった。自分の家に届けられた「こう菓子」のことを思いだしたわたしは、もし自分の親しくなっている「ずり」が、イソイソとわが家に訪ねてきて、「こう菓子」の手土産をさしだすようなことがあったら、どうしようと気になりだしたのである。父の場合は、母も妻のタシナミとして不満をこらえたが、息子に対してはきびしいだろう。若いものが生意気に「辻」でカネをつかっているとは不届きだ、と訓戒されるにきまっていた。

だが、心配は無用で、「ずり」が手製のお歳暮を届けにいく相手は、レッキとした身分になっている男たちで、若い男などは、いわば友だちみたいなもの。友だちの家へ表敬訪問する必要を彼女たちは認めなかったのである。

もう一つの正月菓子である「なっと味噌」も、「辻」から届くのは、格別上等だった。

「なっと味噌」は餅の仲間である。沖縄には鏡餅を供える習慣がなく、切り餅もなかった。当然雑煮で新年を祝うということもなく、正月に食べる餅としては「なっと味噌」ただ一つである。少量の味噌と砂糖で味つけされた餅だ。

モチ米を挽いて、風味を与えるための味噌を混ぜ、甘味をつける必要で砂糖を加えるのだが、ほかに「ふぃふぁち」という香料を入れると、かすかな辛味が生じて、より沖縄的な餅菓子となる。

念のためにいうと、蒸したモチ米を臼で搗いて餅にするというつくりかたは、沖縄になかった。

どんな餅でも、モチ米を挽くことからはじまり、形をこしらえて蒸すのである。「なっと味噌」の場合も、以上の材料を取りあわせて、厚さ二センチ、海苔半帖ほどの大きさにのばす。のばした表面に、落花生を花びらに見立てて二輪の花をちりばめ、飾りをつけたうえで「さんにん」という生姜に似た植物の葉にのせ、蒸しあげるという段取りだ。食べるには、横に切っていく。

二日もすると、硬くなっているから、火であぶらなければならないが、味噌の風味に「さんにん」の香りが加わって、なかなかにおいしい。

それが食べたくて、オトナもコドモも正月を待つ。

新年のあいさつまわりといっても、日本風に来客がオセチ料理と酒でもてなされるようなことはなく、主客ともにお茶をすすり、「こう菓子」か「なっと味噌」を食べながら、

「あなたは何の生まれでした？」

「亥です」

「そうですか、いいオトナになりましたね」

といった会話が交わされるだけの沖縄正月は、酔っている人のさわがしい声も聞こえず、粛然たる世間だったのである。

「何の生まれですか」と問うのは、たとえば、戌年か申年かを確かめて、相手の年齢が幾つになったかを知るためだ。幾つになりましたか、とはきかないで、えとを尋ねるのが習慣だったのである。沖縄の人にとって、親しい相手のえとを覚えておくことは、常識に属していた。

はんちんの吸い物

　はんちんのお吸い物――沖縄風に発音すると、「はんちんぬうしいむん」であるが、ずっと前、どこかでこの言葉を聞いた時、なんとみやびた語感であろう、と思ったのである。美しく感じられるだけに、きっとすばらしくおいしい吸い物にちがいない、とわたしは勝手に想像していた。

　もちろんそういうみやびた言葉が使われていたのは、首里の上流社会である。首里の上流社会では、王府が滅んだあとも、古いしきたりと言葉が生きていたようで、ある時、上流の出である人と会い、ふと思い出して、たしかめないままにしてあった「はんちんのお吸い物」について尋ねたら、相手はかすかな苦笑いとともに、

「首里らしい言葉だったというしかないね。はんちんのお吸い物とは、まるで実の入っていない、いわばカラのおつゆだったよ」

と答えた。具らしい具の入っていない吸い物――いや、吸い物といいながら、まことに味気ない、醬油で色をつけた汁に、刻んだネギの少量か青い葉の二、三枚が浮いている程度の汁を一般では「んなしる」と呼び、食事の貧しさを象徴していたのであるが、「はんちんのお吸い物」は、語感が美しいだけで、「んなしる」と変わりがなかったのである。

「んなしる」と聞けば、わたしは、使い古して塗りがあとかたもなくなっている足つき膳に芋を盛りあげ、一隅にこの「んな汁」がおかれて、とかくノドに詰まりがちな芋を、カラ汁でのみこむという、かつて見た貧家の食事を思いだす。わびしい情景ではあるが、沖縄で生まれ育ち、沖縄の言葉に感応する神経をそなえることのできたわたしは、みじめな食事だと思う前に、むしろ「んなしる」という言葉にただようユーモアを味わったものだ。

粗末なこと無類な、歯で嚙むものが何も入っていない汁を、飾り気なしの言葉でそのとおりに名づけ、アッケラカンと自分らの食べものとして親しんだ人たちのクッタクのない気質がよく表れている。

言葉のアヤを好む首里の士族は、カラの汁を真正直な言葉でいうのがイヤだったのであろう。仕えるべき王府がなくなって、身すぎ世すぎの職を持つ気にもなれないまま、貧しさの度を加えていくしかなかった家では、やはり「んなしる」に親しんだようであるが、「たとえば縁者などが訪ねてこられて、ご飯どきになると、何かさしあげようということになる。いつもと変わるごちそうが用意されているはずはないし、お汁は例のものだとすると、まさか、いい、んなしるでございますがどうぞ——といったのでは、ミもフタもない。そういう時、はんちんぬうしいむんなりと召し上がって下さい、といいながら、さしだすことがあった」

と、首里の名家に育った人が、わたしに語ったのである。

明治の末に生まれたわたしが、幼年期から青年期にかけ、いいかえると大正年代を経て昭和年代のはじめごろまで、時たま歩くことのあった首里のいわゆる「やしき町」で見た風景のうち、心にしみついて残っているのは、見事な石垣に囲まれた邸の内側が荒廃していることだった。

かつては結構な大きさを見せていた邸宅が奇異に感じるくらいちぢんだ形になっている。話に聞くと、上等な座敷のある部屋が売られ、そこだけがこわされて運び去られたために、小さくなっているという。

建物は小さくなって、庭がいたずらに大きくなったのであるが、これは庭というより菜園だった。そして菜園といいながら、収穫のゆたかさを思わせないで、「はんちんのお吸い物」を連想させたのである。

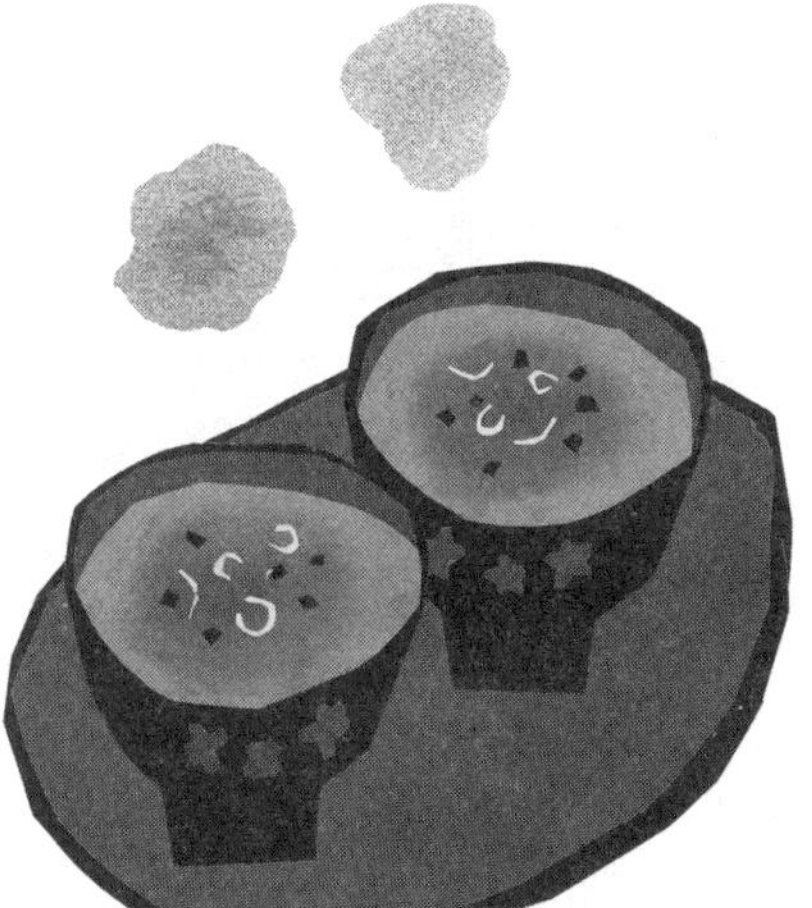

一生一度の芋料理

母と父と結婚したのはいつだったのか、まったくうかつにも、とうとう当人たちにたしかめたことがなかった。父は明治十八年の生まれだったし、二十三歳でわたしを母に産ませたらしいから、たぶん結婚は、明治三十七年ごろだったのだろう。

当時、首里の――正確にいうと、父と母それぞれの先祖代々が住みついてきた金城（かなぐしく）の貧しい士族の家で、娘が嫁にいく日に、どんなもてなしを祝いにくる人たちにしたか。

金城は、首里城の真下、南へ下る急な斜面に営まれた士族町である。王府があったころの様子については知らないが、城へのぼるには、勾配のひどい石畳道をあがっていかなければならないという不便な地形なので、身分の高い士族は少なかったのではなかろうか。わたしの記憶でも、茅葺きの家が多く、かわらを屋根におく家は少なかった。

わたしの母が育った家も茅葺きで、母には妹がいるのだが、二人とも小学校での教育を受けさせてもらえなかったという。母たちを育てた祖母が、「やまと学問」（日本教育）を拒否したためである。

実家の名は座波《ざは》で、この座波から古波蔵《こはぐら》の三男である父のもとへ嫁入りする日のことを、わたしは母の妹つまり叔母から聞いたのだが、実家の住まいはあまりにも小さかったので、招いた客をもてなすのに、同じ金城にある御本家の座敷を借りたそうだ。

招かれた客は百人余りだったらしいので、ずいぶんにぎやかだったことになる。今もなお、結婚の披露宴に何百人という客を招くことを思いあわせると、おめでたい日の大盤振る舞いは、昔からの風習かもしれない。

早い話、わたしはコドモのころ、那覇の町はずれを通りかかって、出産のあった家に呼びこまれた。「食べてくれ」といわれて、手に渡されたのは大きなドンブリである。ドンブリには「唐米」（とおぐみ）と呼ばれる外国産の米（タイあたりの）が盛られ、田芋の茎が入っている味噌汁をかけてあった。同じような振る舞いを受けたことが何度もあり、赤ん坊が生まれた日には「かあうりい」といって、通りかかる人のみんなに、田芋の菜入り味噌汁とドンブリ飯を食べてもらうのが一つのきまりだったのである。

　結婚の披露だと、親戚縁者、近所隣り、および花嫁となる娘と同じ年ごろの娘たちを招くので、百人余りになったのであろうが、時間の定めはなかった。招かれている人たちが、つごうのいい時間に出かけていって、振る舞いを受ける。では、きわめて貧しかった母の家で、かくもたくさんの祝い客に、どんな献立をさしあげることができたかといえば――

「うちの身分では、くう芋にいとお汁、それだけがせい一杯のごちそうだったよ。くう芋にいの一品があれば、お祝いのしるしとして十分だったからね」

　と叔母は語っていた。

　たった二品だけの、まことに質素な献立だったのだが、つぎつぎに訪れて、振る舞いを受ける人たちは、みなさんご満足だったそうである。酒のもてなしはなかった。たいていは女客であり、女客には酒をださないのがしきたりだったのである。

　ところで、「くう芋《む》にい」というのは、「芋にい」に「くう」（米粉）を混ぜて練りあげ、少量の食紅を加えて、めでたい色にしたもののことだ。

　あのころの沖縄では、芋（甘藷）を常食としている家ばかりでなく、主に米を買って食べている家でも、折にふれて「芋にい」をつくることがあって、これで食事に変化を与えたのである。

「芋にい」をつくるには、よく洗った芋の皮をそぎ、大きな鉄鍋で煮ると、残った煮汁を捨ててから、芋をつきくずし、かつ練っていく。田芋を混ぜて練ったのは、特においしかった。

ほのかな甘味のある「芋にい」は、オトナよりコドモに喜ばれ、冷えるとおいしさがなくなったけれど、それでもコドモたちにとっては、菓子のかわりだったのである。

「くう芋にい」の場合は、芋にモチ米粉を混ぜてふかし、丹念に練ったものであり、食紅で染められた薄くれないの、湯気が立つ出来あがりを「ゆうな」や月桃の葉に盛ると、緑と相和して、人々の心を晴れやかにした。

赤飯に相当する縁起ものが、その「くう芋にい」で、首里では、旧王族の「御殿」(うどぅん)という敬称のつく名家で、米寿の祝いなどがある時でも、同じく「くう芋にい」が御膳に出たそうである。

富裕な商家が多く、首里の人たちよりずっとゼイタクを愛した那覇のお祝いで、「くう芋にい」が供されたという話を、わたしは聞いていない。

寒夜のるくじゅう

どこで見た情景だったのか、今となってはハッキリ思いだせなくなっているが、「るくじゅう」と首里の人たちがいっていた焼き豆腐の話が出ると、きまってわたしの心に、対座している老人二人の姿と、この「るくじゅう」のかすかな匂いとがよみがえってくる。

沖縄でつくられていたのは、中国風の固い豆腐だ。箸でつまもうとすると、くずれてしまうような豆腐とは、かなり固さが違う。豆腐売りの婦人は、木型から抜いた角形の白いのを、そのまま板の台におき、自分の頭にのせて村里や街をまわっていたのである。水の中に泳がしているやわらか豆腐しか見たことのない人が、よそから沖縄にきて、豆腐売りの頭にのっかっている固そうなのを見ると、アッケにとられるようだった。

よほど珍しかったのか、縄でくくって手にぶら下げて持てそうな豆腐――と書いたのを何かで読んだおぼえもあるが、少々の誇張はあるものの、藁で包めば、手に提げられないことはなかっただろう。

歯ごたえあるかなきかであるにせよ、とにかく固さがあるゆえに、味を感じるといえばいいか。こういう豆腐を食べて育ったわたしは、やわらか過ぎる絹ごし豆腐を箸でつまもうとし、たあいなくくずれてしまうのに腹を立てたりする。食べての味もおいしいと感じない。

その固い豆腐で「るくじゅう」をつくるのは、寒い季節だった。一センチくらいの厚さで正方形に切ったのを平らなざるに敷きならべ、一晩、冷たい空気にさらしておいたのを焼くのである。

気温と湿度が高くなると「るくじゅう」はつくれない。一晩空気にさらしておくのは、豆腐に軽い酸味を与えるため、いいかえると、醗酵させるためで、高温多湿の時季になると、醗酵が過ぎて食べられなくなるからだ。

冬は寒いといっても、せいぜい十二、三度の気温になったり、十七、八度に上がったりという繰り返しであるが、ゆとりのある暮らしをしている家では、それでも火鉢に炭火を入れて、手あぶりにする。

火鉢の火に金網をおいて、酸味というほどでないかすかな酸味のついた豆腐を、ゆっくりと両面焼きにするのだが、それぞれ夕食がすんだあと、訪ねてきた友と物語して、夜長を過ごそうという時のもてなしに使われることが多かった。

「るくじゅう」の味を捨てがたく思うのは、年をとった人たちであろう。わたしが「るくじゅう」のことを、老人二人の姿とともに思いだすのは、実際にどこかの家で見たか、あるいは身も心も枯れた老人の好みにあっていると思っているためかもしれないのである。

わたしの母方の親威が、首里の閑静な、真昼間でさえ人通りを見ることのめったにない町はずれに住んでいた。

王朝時代の沖縄で、男子は「かたかしら」という名の結髪をしていたが、国王も退き、琉球国が日本の領土に組みこまれて沖縄県となってのちまで、断髪することを嫌い、「かたかしら」を守っているのは、新時代に自分をあわせる気のない頑固な男たちだったのである。

その家へ、母につれられて、たとえば中学校に入ったという場合などに、あいさつを申しあげるためにいくと、王家ゆかりの「御殿」に、つい最近までおつとめになっていたというご老体が、あるじとしてご健在だった。見事に白くなった髪を「かたかしら」に結い、いつも正座をくずさない姿が、昔のさむらいはかくあったか、と思わせたのである。「るくじゅう」のことを思いだす度に、わたしの心に浮かびあがる老人は、このご老体の姿とダブっているようだ。

語る相手が欲しくなって、友を訪ねるのは、もちろん昼間の場合もあったが、夜だと、たいてい夕食後である。

ブラリと立ち現れた長いつきあいの友を喜び迎えると、まずお茶をさしあげ、さらに酒となるわけで、「るくじゅう」は、酒のさかなだった。

対座しているご老体のかたわらに火鉢が出ていて、同じく白髪となった妻女が、ゆっくりと「るくじゅう」を焼くのである。

焼きあがった「るくじゅう」を小さな皿に盛ると、焦げ目のほんのりとついた豆腐の上に、楊梅《やまもも》を一粒のせて、色どりにすることがあった。

楊梅を塩づけにして保存し、漬けものとして食べるという習慣があって、この赤い木の実を豆腐にのせると、食欲をそそる色どりとなったのである。

静かに盃を傾け、酒の合間に「るくじゅう」を口に運ぶなどしながら、ともに過ごしてきた時代のこと、今は位牌に名をとどめるだけとなった友のことなどを物語して、自分たちに残された時を送っているご老体の心境は、「るくじゅう」のように、淡泊だったにちがいない。

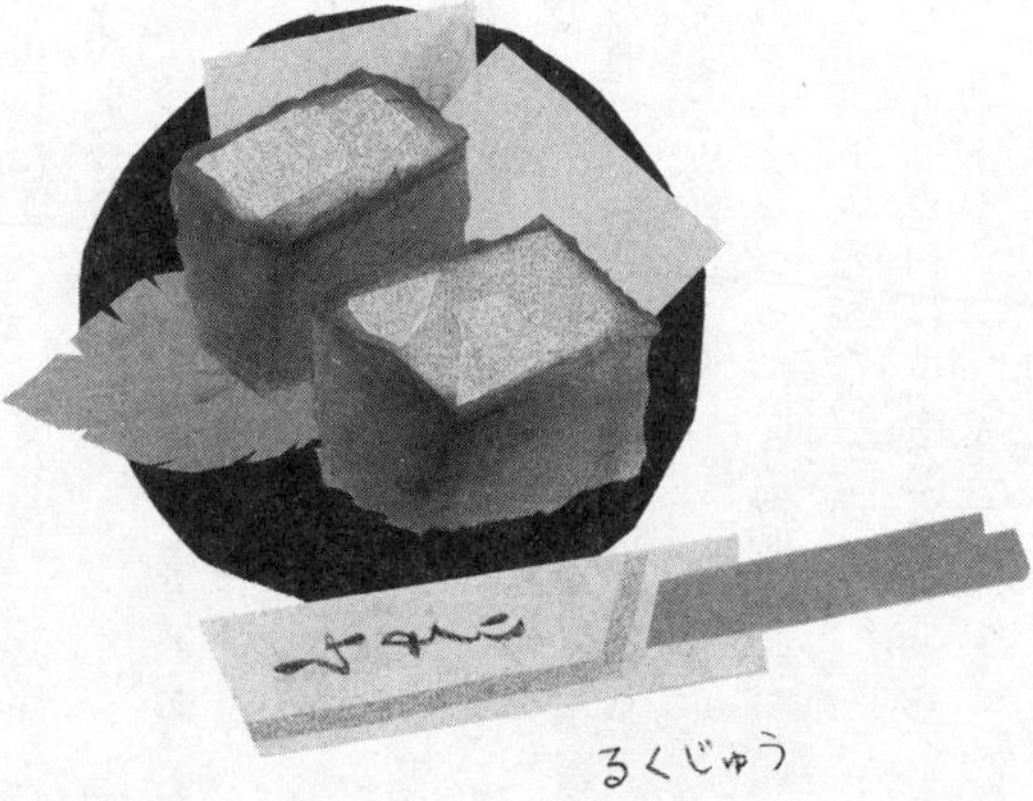

砂糖キビが熟して

冬の沖縄を訪ねて、ドライブする人は、沿道に白い穂がひろがり、季節風に揺れているのを見るにちがいない。

見渡す限りの白い穂が波打って、その向こうには、エメラルドグリーンの海があるといったことになると、まさしく沖縄ならではの冬景色だ。わたしの好きな景色の一つである。

だが、この美しい景色を見て、腹を立てた人もいた。よそからはるばる沖縄観光にきた人だったのであろう。さだめし彼の故郷にあっては、せっせと田をつくって、草とりを怠らず、辛苦を重ねて稲を育てるなど、とにかく田畑の整備に日を過ごす勤勉な人だったと思われる。エンエンと沿道につづく白い穂の波を見るなり、勤勉家は、「なんということだ。耕せばリッパな畑となるだろうに、沖縄の農村民は、よほどの怠けものとみえる。せっかくの土地をススキだらけにしてあるじゃないか」

といったそうだ。

その人は、白い穂をススキと見たのである。たしかにあれだけの土地を、ススキの繁殖にまかせてあるとするなら、よほどの怠けものということになるが、実は白い穂の出ているのは、砂糖キビだ。よく見れば、ススキよりずっと背が高い。ススキそっくりの白い穂が出ているのは、キビが成熟したしるしなのである。キビの糖度が高くなり、とりいれを待つばかりになっているということだ。

今栽培されているキビの品種をなんというか、わたしは知らないのだが、これは農家にとって、うれしい品種のようである。というのは、刈りとった根元からまたキビが伸びて、自然と育つ。成熟したらまたも刈りとるといったぐあいに、三度ほどは植えつけを必要としないらしい。

さらにわたしの聞いた話によると、手入れを怠らなければ、当然キビのデキはいいけれど、手入れする時間に、ほかの仕事をして手に入れる収入は、手入れすることで増えるキビからの収入を上まわるとか。

だからキビの世話を主として自然にまかせ、労賃という現金を得ることのできる仕事についても、ソンはないという。

いずれにしても、砂糖キビの畑を見る度、わたしが思いだすのは、その汁がとても甘かったことである。

わたしがコドモだったころに栽培されていたのは、今の品種と異なっていて、大茎種といわれていた。今は白い穂の出るのが成熟したしるしだそうだが、あのころは、白い穂が出たら、茎は水気を失っていたのである。したがって白い穂の波を見ることはなかった。

キビが十分に甘くなったころ、悪童たちは、学校の帰りに、キビ畑へもぐりこむ。キビが密生している中に入れば、畑の主が近くにいてもわかりやしない。ユウユウと腰をすえて、鉛筆けずりに使うナイフでキビの根元を切る。

もっとも甘いのは根元で、先になるほど、味が薄かった。悪童たちは、長いキビを三つくらいに折り、手ごろの長さにすると、歯で皮をむいてから、かじりだす。歯で噛むと、ジュッと口にあふれる汁の甘いこと。甘さでは、あらゆる果物にまさっていたのである。こうして二、三本の汁を吸いつくすと、胃の中に波が立っているような腹ぐあいとなり、つづけざまに出るゲップの匂いまで甘かった。

甘いといえば、村にある製糖小屋から流れる匂いも、コドモたちのハナを楽しませる。現在は、農家の刈り入れるキビのすべてが幾つかある製糖工場に運ばれて、原料糖となり、この原料糖は精製工場へ送られて白砂糖になる仕組みとなっているようだが、かつては、それぞれの村にある製糖小屋で、黒砂糖につくられた。季節がまわってくるまで、忘れられたようになっていた小屋で仕事がはじまると、キビの汁を煮て、黒砂糖にする匂いが、周辺の空気を生暖かくしたのである。

汁を絞るには、歯車のついている三基の圧搾機が使われていた。中央の圧搾機を、円を描いて走らされる牛がまわすと、嚙みあっている歯車によって、左右の圧搾機もまわる。まわっている圧搾機の間にキビをさしこむと、吸いこまれて、汁を絞られるのだが、キビをつかんでさしこむうち、ついウッカリと、自分の手が圧搾機の間に近づいているのに気づかず、キビとともに嚙まれるということもあった。

叫んでも、走っている牛をすぐにとめることはできない。圧搾機がまわってる間、手は吸いこまれる。わたしの一家が住んでいる近くに、右腕の半分以上をなくしている男がいた。圧搾機に嚙まれたためであるが、そのことでかえって凄味のきく姿になっていたからであろう、隻手の彼にケンカを仕掛ける人はいなかったのである。

製糖小屋はたいてい茅葺きで、内に汁を煮る大きな鍋が目立ち、外の広場に圧搾機が据えられて、ぐるりを牛がまわっているという、いたって単調な動きを、コドモたちは飽きずにながめていた。

ながめているうち、絞られて大きな桶に溜まるキビの汁を汲んで、ゴクンゴクンと飲んでみたいという衝動を感じたことがある。気のいいオジさんなら、ネダれば応じるかも、とムシのいいことを考えたりしたが、農家にとって黒砂糖は、一年に一度の貴重な収入をもたらすものだ。多くの農家は、製糖でまとまったカネが入れば、あれを支払い、これを買うといった予定を立てている。黒砂糖による収入は、富農を例外として、一家の暮らしを豊かにするというより、やっと幾らか支払える見こみがつきそうだとの望みをかける程度だったので、一滴もムダにできないのである。

コドモながら、わたしたちは、農家の事情を知っていた。

ところで、キビが成熟するころ、高熱に苦しんで、食事がノドに通らなくなっている病人には、汁を飲ませるということがある。皮を削ってから、幾つにも裂き、病人の口もとに近づけると、ねじって汁を滴らす。病人は、一滴ずつノドに通して、もっともっととせがむ。

ジュースにする果物が沖縄には少なかった。蜜柑は秋にできるのだが、酸っぱすぎる。バナナやパパヤは汁が出ない。やはりキビが最適だったのである。

そのおいしいキビの汁を、自分の口で嚙んで堪能できるのは、残念なことに、若いうちだ。中年に達した人に、キビをどうですかとすすめると、

「歯がこのとおりで――」

と苦笑いする。キビを噛めるのは、親譲りの歯が完全にそろっているうちで、わたしなどは、中学校を卒業して間もなく、キビを噛んだとたんに、ムシ歯が痛烈な打撃を受けて飛びあがった。

ムシ歯ができたら、キビと訣別するしかないのである。

昔の大茎種はやわらかくておいしかったけれど、今の白い穂が出る品種はどうだろう？　と、郷里にいる友人に尋ねると、堅いのなんの、あれは機械で絞るほかないという答えが返ってきた。

糖度はきわめて高いそうだのに、キビを噛む楽しみは、思い出の中へ去ったのである。

酒飲みとぶうさあ

「ぶうさあ」という三本の指で勝負する男の遊びがある。じゃんけんと似ているが、これは女の遊びで、男とはカンケイない。沖縄の男たちは、もっぱら「ぶうさあ」だ。

使う指は、親指、人さし指、そして小指である。親指は人さし指に勝ち、人さし指は小指をやぶり、小指は親指を負かす。わたしたち沖縄で育つ男は、いろいろな場合に「ぶうさあ」で勝ち負けをきめた。昔から伝えられた男の指勝負なのである。

オトナになれば、そういう遊びも忘れるかといえば、「ぶうさあ」は、酒飲みの遊びになったりした。

首里の男たちは、概しておとなしかったので、無茶な飲みかたをしなかったが、那覇の男たちは、酒に対しても熱中する傾向があり、だから静かに飲んで音楽を楽しむといったことより、ひたすら飲んで酔う。酔えば声が高くなって、さわがしくなるのは当り前のこと、おまけに飲んでいるばかりではおもしろくないから、「ぶうさあ」で飲ませっこしたのである。

わたしの父は、首里生まれで、飲まない時は、きわめて温和だったのに、那覇で仕事をするうち、つきあう人たちの飲みかたが身についたらしく、飲み仲間が遊びにくると、「ぶうさあ」をはじめた。

いつしか、オトナのすることに興味を抱く年ごろになっていたわたしは、酒の匂いにヘキエキしながら、父たちのすることをながめていると――。

アグラをかいて向かいあう二人の間に、マッチの棒を三本おき、たがいに右手を突きだして「ぶうさあ」をはじめたのである。

勝って一本を自分の手前に引き寄せ、負けると、もとへ戻すといったことを繰り返して、三本を分捕ってしまうまでは、何度も勝負しなければならないようだった。

三本とも取ってしまうのは、なかなかむずかしく、取ったり戻したりのあげくに勝負をきめるのがおもしろいらしく、父も友だちもだんだん熱中する。

結局三本とも取ってしまうと、さあ飲めと相手に飲ませるのだが、熱中すると、指の動きは速くなり、目にもとまらぬ業で、「ぶうさあ」がすすむ。

そうなると、気合いも入って、たがいに掛け声高く、指をだしたコブシで畳を叩いたりした。

屋敷が広いと、座敷で発する掛け声の外へひびくことはなかったが、那覇の裏町を夜おそく歩いている時など、長屋の一角から「ぶうさあ」の気合いが静けさを破って高く聞こえてくることもあったのである。

盃いっぱいの酒を飲まされるのが、負けたほうなので、「ぶうさあ」の下手なのは、つづけさまに呷《あお》らされるから、みるみる酔いがまわった。

どっちも酒が大好きなはずだのに、勝った自分は飲まないで、負けた相手にうまいことをさせるとは、なんだかリクツにあわないような勝負である。

しかも、自分が飲むまいとして、勝とう、勝とう、勝とうと気合いを強めるのだから、妙な酒の飲みかた——いや、飲ませかただということになるが、見ているわたしは、酒など辛いばかりのまずいものとしか思っていないので、勝てばあんなまずいものを飲まずにすむのか、と父が勝つ度に喜びの声をあげた。

ところが、「ぶうさあ」をはじめるのは、夜の九時ごろだとしても、たいてい二時ごろまでつづくから、勝ったり負けたりで、飲む量は少なくない。双方ともしたたか飲んで、酔いつぶれそうになる。

強い酒をよくもこんなに——と母はアキレることが多かった。父に劣らぬ酒豪らしい友だちが、やっとよろめきながら腰をあげて、危なっかしい足どりで引きあげたあと、寝についた父の翌《あく》る朝は、食事がノドに通りかねるようだった。

そういう時に、母がこしらえたのは、即席のお汁である。

当時の沖縄は、鰹節の製造業がさかんで、主要な産地の一つだった。といって市場で買う鰹節は安くなかったので、食事がノドに通らなくなった父のためにつくるお汁は、ゼイタクな即席料理だったといっていい。

なぜなら、削った鰹節をたくさん使わなければならないのである。ふりかけにするようなこまかい削りかたでなく、厚く大きく削ったのを量多く必要とした。

たくさん削ったのを椀に入れ、醤油少々を滴らしてから、熱湯を注ぎこみ、さらに鶏卵一個を割って落とすと、蓋をする。

しばらくそのままにして、蓋を取り、アツアツのお汁を父にすすめていたが、たまに母はわたしにもつくってくれた。

鶏卵はほどほどの半熟状態となり、鰹節のダシで、お汁のおいしいこと無類である。いかにくたびれていても、このお汁で全身が活気づくのを感じるくらいの強いおいしさだった。睡眠不足で、目があかない場合だと、最初の一口で、パッチリと覚めたのである。

　カゼをひいて熱があり、ご飯も欲しくない時に、わたしは、あれを——とねだることがあった。残念ながらこの即席料理には名がなくて、あれを、でわかってもらえなければ、鰹節にお湯をかけて——というしかなかったが、酒飲みにとっては、深酒をした翌る朝の、起死回生の妙薬だったと思う。

　のちに、那覇で酒豪の誉れ高い人に会って、飲みすぎたつぎの朝は、あなたも、鰹節にお湯をかけたお汁で生き返るんですか、ときいてみた。

「泡盛」を飲んで、翌る朝アタマが重苦しくて起きあがれないということはないね、その点「泡盛」はいいよ、ただメシは欲しくないので、オレは重湯を飲む——と答えたが、この人の奥さんがつくる重湯は、なかなかシャレたものだったようである。

　お粥を炊いて、上澄みを取るのではなく、米のほかに肉、野菜などを入れた雑炊をつくって、上澄みをとるわけだ。

　上澄みをタップリと取るため、水を多くしなければならないのだが、米がとろけて半流動体となった汁は、肉ダシと野菜の香りで、食欲を失っている酒飲みが、喜んですする朝の目覚まし役となるらしい。

　アツアツの半流動体に卵黄を入れると、なおよろしい——という話を聞いて、酔うほど酒が飲めず、酔って人に世話をやかせたことのないわたしは、なんと横着な酒のみではないか、と心の中でつぶやいたのである。

夜は酔いつぶれた夫のめんどうをみさせられ、怒りもしないで、朝はメシが食えないという夫のために、念の入った雑炊をつくって上澄みをさしあげる妻女がいるおかげで、沖縄は男の天国だった。

泡盛

那覇女の名物饅頭

　そのオバさんの姿に、わたしはまず心をひかれた。オバさんといっても、あのころすでに七十歳を越していたかもしれない。わたし自身が年をとっているので、オバさんと呼ぶのであり、若い人たちからみればオバアさんであろう。

　戦争による荒廃からようやく復興した郷里へ、わたしが久しぶりに帰ったのは、昭和四十年の師走だったが、昔とまるで様変わりしている那覇の街に、わたしが育った時代の影なりと残っていないかと、あちこち歩きまわっているうち、ふと思いついて、市場へ足を向けたのである。

　市場は昔から女のはたらく場所だった。いわば女だけの都である。商いをしているのは、すべて女なのであり、特に那覇の市場は、商いすることに生きがいを見いだしていた「那覇女」のハバをきかす世界だった。

そっちへ足を向けて、「平和通り」という名のついている道に入ると、やはり女の世界であることに変わりはない。近ごろは、この市場にも、だんだん男の商人が入ってきたが、あのころは、まだ女の世界としての伝統が生きていたのである。

人出の中を歩いていると、目についたのが、沖縄風の甘い菓子を売っている露店だ。古びたガラス張りのショー・ケースを前にして、市場の土に根をおろしたような姿勢で控えているオバさんは、まさに「那覇女」の特徴を現している。力のありそうな体格に、着古した裾短《すそみじか》の単衣《ひとえ》をまとい、細紐を前結びにして、白髪まじりの髪を沖縄風に結っている姿が、わたしに昔の「那覇女」を思い出させた。

ショー・ケースの中にあるのは、芋からとった澱粉を材料とする沖縄風くずもち、黒砂糖入りの蒸し菓子など、どれもなつかしい品々であるが、とりわけ沖縄の人が「さんにん」といっている月桃の葉にくるんであるもの。

「これは何ですか」

と尋ねるわたしに、「天妃《てんぴ》の前饅頭だよ」とオバさんが答えた時、わたしの心に喜びが走ったのである。

郷里を離れて年久しく、いつも思いだしていた饅頭が、そこにあった。

さて、「天妃の前饅頭」というのは、大麦を焦がして粉にしたもの、すなわち「麦こがし」で餡《あん》をつくった饅頭である。小麦粉による薄皮の中に餡を閉じこめてあるのだが、形は丸く、ひらぺったく——つまり二つに折ってたためるほどひらぺったい饅頭の薄皮を通して、暗褐色の餡が透けて見え、甘いものの好きなコドモにとってはもちろんのこと、大麦の風味を好むオトナにとっても、ついつい食欲をそそられてしまうという那覇にしかない菓子だった。わたしにとっても、麦こがしによる餡の風味は、忘れかねるものだったのである。

なぜ「天妃の前饅頭」という名がついたのか、正確なことをわたしは知らない。おそらく古い那覇のほぼ中心部にあった天妃の廟前に、これをつくって売る店があったので、いつとはなしに、そう呼ぶようになったのではなかろうか。わたしが少年になったころは、東町《ひがしまち》の市場に、「天妃の前饅頭」を売るオバさんがいた。

今となっては、オバさんの顔を思いだすことはできないのだが、底の深い竹編みの籠に、饅頭を蒸す時に使った「さんにん」の葉を敷きつめ、薄い「天妃の前饅頭」を無造作に積み重ねて、同じく「さんにん」の葉をかぶせてあり、饅頭はいつもホカホカしていたのである。

そして饅頭とともに蒸されたためにしなやかとなった「さんにん」の葉は、一段と香りが強くなっていた。

買い手に渡す饅頭を包むにも、しなやかになった葉を使うので、うつり香が饅頭の風味を高める。市場へ出かけて帰ってきた母の手籠から、いささかしつっこいと感じられるほど、ハナにからみついてくる甘酸っぱい「さんにん」の香りが洩れてくるだけで、わたしはワクワクした。「天妃の前饅頭」のおいしさは、「さんにん」という南方植物の、熱い太陽の光を吸って、匂いが強烈となっている葉にくるまれて、一段と誘惑的になっていたといえるだろう。

——オバさんの口から出た「天妃の前饅頭」という言葉を聞いたとたん、わたしはその独特の甘さと香りを思いだし、当時はまだ沖縄の通貨がドルだったので、一ドル紙幣と引きかえに、幾包みかを買ったのであるが、実家に持ち帰って食べてみると、昔のおいしさとまったく変わっていない。

以来郷里に帰る度、オバさんのつくる「天妃の前饅頭」を買いに市場へ出かけないではいられなくなったのである。

何度目だったのだろう？　ある時、例によって、オバさんから「天妃の前饅頭」を受取り、カネを払っていると、オバさんは、店のなじみ客となっているわたしの名前を、誰かにたしかめてあったらしく、

「いつ那覇に戻ってきたのですか。わたしはあなたのお母さんをよく知っています

よ。あの方の息子なんですね」

　といった。

　まだ元気でいた父と母を見舞うため、一年に二度くらいの帰郷だったが、その度に饅頭を買いにくるこの男は、どこの誰だろう、とオバさんは、たしかめたくなったわけである。

　たまたま店先でわたしと出会い、あいさつを交わす人がいたので、ソッとわたしのことを聞いたようだ。

　ところで沖縄言葉の「あんまあ」というのは、「お母さん」を意味するだけでなく、中年の婦人を指すことが多い。わたしがオバさんを呼ぶ場合は、やはり「あんまあ」である。わたしの身もとを知って、わたしの母を思いだした「あんまあ」は、息子であるわたしが現れるのを心待ちにしていたようで、饅頭を買うわたしに、「くずもち」をオマケしてくれた。髪に白さを増しているわたしが、コドモに見えたかのように。

　しかし、やがてわたしが「天妃の前饅頭」を買いにいっても、目ざす品物はなく、

「もう年でね。あれをつくると、とても疲れるんだよ。だから近ごろは無精するようになって、せっかくあなたがきてくれたのに、今日はあいにくなことになってしまっ

た。許しておくれ」

と「あんまあ」が謝ったりする。

「あんまあ」に子はいないのですか、とわたしがきいてみる気になったのは、「天妃の前饅頭」つくりのあとつぎをする娘でもいればいいのに――と思ったからだが、「あんまあ」はこういった。

「娘がいるんだけどね、あんまあが元気なうちに、仕事を手伝わせて、天妃の前饅頭のつくりかたを覚えさせようとしたが、性にあわないのだろうね。もうわたしで終わりさ」

そういう「あんまあ」の言葉は、サラリとして、ちっともグチに聞こえず、古い時代のなりわいが、古い時代を生きた自分とともに消えていくのは当り前と、さわやかにさとっているみたいだったのである。

このあと、「あんまあ」のつくる饅頭にありつけなくなってから、市場の中を探して、同じ形の「天妃の前饅頭」を見つけ、買い求めたこともあったけれど、「あんまあ」のつくるものとは似て異なるまずさ。

「天妃の前饅頭」は、老いたる「あんまあ」にとっても、わたしにとっても、思い出の一つになってしまった。

乙女心のお重料理

女に生まれたことを人知れず口惜しがっている女性が、昔は多かったにちがいない。コドモのころはともかく、いい年ごろとなってからの女性には、まるで遊びがなかった。

いい年ごろになると、家のことをさせられて、外出もままならず、嫁にいけば、姑の目がきびしくて、この姑と夫に仕えるだけの日々となる。女性はせいぜいお茶を楽しむほか、酒を飲むなど、世間が許さなかった。家の外で、心晴ればれと遊べるのは――。

三月三日――といっても旧暦によるのだが、その日は沖縄でも女の節句だった。しかし雛まつりとはオモムキを異にしていて、三日に重箱詰めのごちそうをつくり、一晩見て楽しんでのち、四日は女性たちが一切の仕事から解放されて、心ゆくまで「お重びらき」を遊ぶ日だったのである。

遊ぶには浜へおりるか、丘にのぼるか。妻は、子の世話を夫にまかせて出かけるし、夫は夫で、「今日だけはしようがない」と、古くからのしきたりに対して観念した。

一年にたった一日だけの、誰はばかることなく遊べる日を、女性たちはとても大事にしていて、気のあう友だちと約束しあって待ち、人数をそろえてお出かけ——ということになったが、昔の沖縄では、遊女は別とし、堅気の女性が芸事を習ってはならなかったので、彼女たちが携えていく楽器は、小さい朱塗りの太鼓が一つずつ。歌はけいこをするまでもなく、自然とうたえるようになるのだろう、丘や浜で車座にすわった女性たちは、興に乗って太鼓を打ち鳴らしながらうたい、かつ即興の踊りを楽しんだ。

そこへ男が加わることは許されなかったので、彼女たちが、どうハメをはずしたか、わからない。たぶん女だけの気安さから、思いつくままに手を振り足を動かす踊りなどに熱狂したにちがいないが、鳴りひびく太鼓と歌声は風に乗って、彼女たちが楽しんでいる様を遠くまで伝えたのである。

ところで、浜辺での遊びを「浜おり」といい、それには信仰による意味もあった。

今でも、昔ながらの信仰を大事にしている人のなかには、身内によくないことがつづくと、「浜おり」でもして、砂を踏んでこようなどといったりする。つまり砂を踏んで身を潔め、厄を払うということだ。人々にとって、浜は神聖な場所だったのである。

沖縄には、歌と踊りとセリフで構成される「組踊」（くみおどり）と呼ばれる演劇があって、この形式が創造されたのは十八世紀のはじめだった。国営の芸能として発達し、王朝が滅ぶまで、中国から渡来する使節を接待するために演じられることが多かったのであるが、今に伝わる作品の一つに「万歳敵討」（まんざいてぃちうち）がある。その「組踊」の見どころが「浜おり」の場面だ。

「高平良」（たかでぇら）という身分高いさむらいが、ささいな遺恨で「大謝名」（ううじゃな）というさむらいを討ったことから物語ははじまる。討たれた側に二人の男子がいて、親の無念さを思い、仇を討つための旅に出た。一方、「高平良」の館では不吉なことが起こる。

山鳥が館の中に飛び入ったのであり、それこそ厄の兆しだと沖縄では信じられていた。しかも「高平良」の館では、二度もつづけて、同じことがあったのである。かくて、厄を払うために、あるじの「高平良」は、奥方や家来をひきつれ、「浜おり」することになった。

かつて日本から琉球国に渡ってきた門付《かどづけ》芸人を「万歳」といい習わしていたのだが、「高平良」をねらう兄弟は、「万歳」になりすましての道中で、目ざす仇が「浜おり」するという噂話を聞く。

仇が館にこもっている限り、討つことはむずかしいと思っていたのに、仇のほうから出てくるのはもっけのさいわいと、兄弟は、酒宴をしている仇の目にとまるよう、踊りながら「浜おり」の場に近づく。兄弟を芸人とみて呼び寄せ、たって踊りを所望したのが、「高平良」のホントの災厄で、兄弟は踊りの調子を速めたとみる間に、棒に仕こんだ白刃を抜いて、仇に飛びかかる。

「浜おり」をしなければ、討たれることもなかっただろうに、討たれるという悪運を前ぶれするかのように飛び入ってきた山鳥によって、館の外へおびきだされ、あえない最期を遂げてしまうのだから、なんとも皮肉なことだ。

この「組踊」では、わざわいから逃げるために、わざわいへ飛びこんでいく男の避けようのない運命が描かれていて、古い時代の劇作家が持っていた才能を感じさせるのだが、山鳥が家に入るのを厄の兆しだとする習俗は、長く沖縄に残っていたのである。

大正時代のなかば、わたしが小学生だったころ、近所で同じさわぎがあった。ここで山鳥というのは、人に飼育されていない、森を自由に飛びまわる鳥を指しているのだが、突然、わたしの家からさして離れてない農家に一羽が飛びこみ、不吉な羽音を残して去ったそうである。その家のひとたちは、愕然となった。

厄に見舞われたらしい、とオトナたちが不安そうに話しあっているのを聞いて、コドモたちも興奮する。どういう種類の鳥が飛びこんだのか知らないが、近くの森へ遊びにいっても、小さい雀はともかくとして、図体が割合い大きく、羽が赤や青で色どられている鳥を見ると、これが人の家へ厄をもたらすのかもしれないと思って、気味悪くなったものだ。コドモたちが、コワゴワと鳥の話をするころ、飛びこまれた家の人たちは、家の戸を閉めきって、どこかへ出かけたらしい。茅葺きのその家は、翌《あく》る日もひっそりとなっていたのである。

家族みんなが「浜おり」しているということがオトナたちの話でわかったのだが、翌る日だったか、翌々日だったかの夕方、ひと気のない通りで遊んでいると、浜からくるとすれば、あちらからと思われる方角から三線（さんしん――三味線のこと）の音と歌声が聞こえてきた。

声が高くなり、だんだん見えてきたのは、厄に飛びこまれた家の人たちである。オヤジさん、オカミさん、オジさんらしい人など、近い親戚も加わり、酒に酔っている一団が、三線にあわせて歌い、両手を踊らせながら近づく。

浜では小屋掛けして寝泊まりしたのだろう。歌声を聞いて、何ごとか、と家々から出てきた人たちの姿も目に入らない様子で、浮かれた家族は、閉めきりの家へ向かう。道端で迎える近所の人を無視しているのが、コドモにも異常に感じられた。あとについていくと、閉めきりの家にたどりついた人たちは、いきなり戸といわず壁といわず、足で蹴ったり、棒で叩くなど、ぶっこわさんばかりに荒れたのである。

叩かれる壁から土ボコリが立って霞むなかに、人々が動きまわっていたのを、わたしは覚えているのだが、そうすることで、家についた厄を叩きだしたのであろう。

――以上のとおり、まぶしいほど白い砂浜は、人々にとっての神聖でかつ心を楽しませる場所だった。今は山鳥の時ならぬ訪問にキモをつぶす人はいなくなり、「浜おり」の習俗も絶えて、浜にくる男女はエメラルドグリーンの海を前にして寝ころび、熱度の高い太陽の光を浴びて肌を焦がすために苦痛をこらえたりする。すなわち習俗は変化して、三月の遊びを心ゆくまで楽しむ女性ばかりの集団を見ることもなくなった。それというのも、三月を待つ必要がないくらい、今の女性たちは、いつでも遊べる身分になったからだと思う。

さて、話をもとに戻すと——三月の遊びに出かける女性たちは、ごちそうをこしらえて、重箱に詰める。ごちそうの種類は、だいたいきまっていた。

わたしの母も、前の日あたりから、重箱に詰めるごちそうの仕度をはじめていたのだが、自分が遊びにいくためではなかったのである。首里育ちの女は、つつましいというか、夫に仕える身であるという意識が強かったせいか、仲間と語らって遊びに出かけるのを遠慮して、多くはもの静かに自分たちの節句を家で過ごした。母は娘のために節句のごちそうをつくったのである。

娘といっても、わたしの妹なのだから、小学生だ。小学生のためのごちそうがととのえられると、重箱に詰め、まずご霊前に供えることを忘れない。

重箱に詰められるのは、豚肉（皮つき三枚肉）の煮しめ、かまぼこ（表面を赤く染める）、昆布巻き、白身魚の天ぷら、かすてらかまぼこ（卵入り）、花イカ（別稿参照）などが主で、女のための詰めあわせらしく、重箱の二つの隅には対角に向かいあうよう、角形の「こう菓子」をおさめる。「こう菓子」にはめでたい松や鶴が描かれたりして、彩色が美しかった。

ごちそうの詰めかたには、女性それぞれの思案が現れる。沖縄風の詰めかたは、一種類の料理を寄せた形が正方形となるようにして、この正方形を重箱の中に隙間なく、モザイク式におさめたのであり、色違いの料理で、美しい幾何学模様になった。詰めて美しいモザイクとなるようにするのが、詰める人の芸の見せどころだったのである。

詰め終わった上に飾りをもう一つ——蒸して赤く染めた落花生を、針のように細い竹串に一粒ずつ刺しならべたのがあしらわれた。

ほかに食紅で桃色に炊かれたご飯のオニギリを詰めた重箱がつく。オニギリの形は俵形である。

さらにもう一つの重箱には、「三月菓子」と呼ばれる揚げ菓子がつめられて、三重ねとなった。

苦心の作なので、女性たちは、ご披露しないではいられない。ご霊前に供えてから、親戚の家へ、近所隣りの人たちへ見せにいく。「よくできましたね」とホメられるのがうれしかったのであろう。

いい年ごろになって、母親の手を借りるまでもなく、自分で重箱をこしらえた女性たちは、翌四日、友だちとつれだって浜や丘にいっての「お重びらき」をするのだが、ここで苦心の作を見せあい、誰の作が上出来であるかを競ったのである。

もっともハデに遊んだのは、那覇の女性たちで、波の立たない入り江に浮かべた舟の上で「お重びらき」を楽しみ、夜は芝居見物に繰りこむなど、はなやかなことであった。

男である自分とかかわりのない節句であったが、妹のいるおかげで、数々のごちそうにありつけるわたしにとって一番うまいものは、「三月菓子」で、母が手づくりする菓子の中で、最高に好きだったことを思いだす。

「三月菓子」というのは、それを安くつくるとすれば、小麦粉を水でといて黒砂糖を混ぜ、ふっくらとなるように重曹も入れて練りあわせ、耳たぶくらいのやわらかさになったのを、まず長方形にする。

長方形を包丁で三センチか四センチ幅に切り分ける際、一つ一つに三筋の包丁目を入れるのは、模様をつけて菓子としてのオモムキを添えるためだった。

これを油で揚げて出来あがりということになるが、材料が小麦粉と黒砂糖だけでは、色もおいしそうでなく、食べても上等といえないにせよ、暮らし向きが楽でない家の母親としては、コドモたちへの心づくしだったのである。

やはり家庭でつくる菓子には、貧富の違いと、つくる女性の好みや性格まで現れた。

裕福な家だと、小麦粉をとくのに鶏卵を使い、甘味を黒砂糖で加えたうえ、すりつぶした落花生を混ぜて練り、以上のような形にして揚げる。揚げる油の種類によって、味に格段の差が生じるもので、おいしい菓子とするには、豚あぶらが必要であった。

上手に揚げられて、軽くふくらんだ「三月菓子」のおいしさが、フランスの「マドレーヌ」という菓子の味と似ていることに気づいたのは、パリへ旅行し、サンルイ島のホテルに泊まって、島の小さな菓子店で買ったのを食べた時だった。「あの菓子屋のマドレーヌは、火曜日に買うといいですよ」と教えられ、教えられたとおりにすると、焼き立てを食べることができたのである。

「マドレーヌ」は焼いた菓子で、「三月菓子」は揚げたもの——という違いがあるし、前者の場合は酒の風味が魅力なのであるが、とにかく「マドレーヌ」を食べながら、わたしは、ふる里のなつかしい菓子を思いだした。

貧富の差が材料を変えるのはいたしかたないとして、きびしい倹約家とか、あるいは子のためなら物惜しみしないでおいしいのをつくろうとする母親とか、単なる浪費家などなど、それぞれのつくる菓子の味が、すなわち人柄の味だったのである。

わたしの母は気性が強いせいであったのだろう。むやみと小麦粉を固く練った。しかも粉をとくのに、鶏卵しか使わず、力まかせに練ったのを、包丁で「三月菓子」の形に切り分けて揚げたのだが、出来あがったのは、よその家のものとまるで違い、歯で嚙み割らなければならないほど堅かった。

母にいわせると、歯で嚙み割る時の風味が格別だそうで、これはわが家にしかない「三月菓子」だったのである。

三月菓子

夏近しモモ売り娘

春の町並みに風情を添えるのは、楊梅《やまもも》売りの乙女だった。

楊梅を、沖縄の人は単にモモという。第二次大戦で沖縄が戦場となるまでは、沖縄島の中部に当る越来（ごえく）の山内（やまち）、諸見里（むるんざとぅ）というところに、楊梅の樹林があって、そこを「モモ山」と呼び、産地として有名だったのである。

戦後の沖縄島では、昔と変わってないところを見つけるのが至難のことだ。戦後間もなく、東京に住むわたしは、アメリカ軍に統治されている故郷のことを、島からきた人に聞く時、コザというまるで知らない地名がよく現れるので、いったいどこにあるのか、と尋ねたら、「モモ山」のあったあたりと思えばいい、と教えられ、アッケにとられたものである。畑として使えないような原野が左右にひろがる田舎道をいくと、「モモ山」があった。その人家さえきわめて少なかったところが、アメリカ軍基地に近いため、みるみる都市になったのだからオドロキのほかない。

つまりコザという街が現れて、「モモ山」は跡形もなくなったのである。したがって楊梅も今はなく、モモ売り娘は、芝居にしか現れない伝説的存在となった。

果実としての楊梅は、必ずしもおいしいといえない。思いだすと陰暦三月に入ったころ、中学生の好奇心から、「モモ山」はどんなところか、となんとなくいってみたくなり、那覇から嘉手納まで通じているオモチャのような軽便鉄道に乗ったのである。降りたのは大山（うやま）という駅で、そぼ降る雨に濡れながら原野のつづく道を歩いてたどりつくと、小粒の赤い実が葉の間に群がっていた。その様、まことに美しかったといえ、わざわざ見にきているわたし自身が、食べておいしい実だと思っていなかったのである。

そろそろ暑くなるころに熟してくる楊梅は、大きい実でもパチンコの玉くらい。赤い果肉が浅くタネを包む形になっており、口に入れて果肉を味わうと、タネを吐きださなければならない。

食べられる果肉のあまりの少なさが、むしろじれったくて、おまけによく熟して赤黒くなっている実には甘さがあるものの、たいていは酸味がまさっていた。

首里や那覇の街をまわって売り歩くのは、うら若い娘で、彼女たちの姿に風情があったのである。

「モモ山」のある山内、諸見里の娘たちが売りにくるのかと思っていたら、そうではなくて、彼女たちは、大山、真志喜（ましき）のネエさんたちだったという話だ。

あのころの農村乙女は、まだ服装を当世風に改めていない。背中に垂らせばヒザ下までの長い髪を、頭のてっぺんよりややうしろ下がりに結い、「じいふぁあ」というかんざしをうしろから前へ通す。そういうヘアスタイルに、裾短の芭蕉布を着て、細い帯は前結びである。

竹編みの大きな籠を持って、彼女たちが家を出るのは、夜の明けきらないうちだった。そしてまず「モモ山」へいって、籠いっぱいの楊梅を仕入れる。籠の内側に芭蕉の葉を敷き、仕入れた楊梅を詰めると、同じ芭蕉の葉をかぶせ、頭にのせて首里・那覇へ急ぐ。

当時は道といっても、幅がせまくて草がはびこっていた。しかも暗くて足もとが見えにくい。寒い時季はすでに過ぎて、ハブという毒ヘビが動きだしている。ハダシの彼女たちは、足もとにヒヤリとするものを感じただろう。

だから彼女たちは、細竹でこしらえた長いムチを必ず持っていた。うっかり草むらのハブを踏んだりすると、たいへんである。危なっかしい道筋にさしかかると、細竹で草むらを払うなどの用心が必要であった。

　こうして首里・那覇の街まで、三里余りの道を歩いていくうちに夜が明け、街にたどりつくころには、家々の戸があいている。

　呼び売る声は若々しくて、お腹のあたりはくびれて締まり、腰の線に弾力を感じさせる彼女たちの裾から見える脚にも、アリアリと妙齢であることが現れていた。

　そういうからだにスガスガしい芭蕉布、おまけに髪のツヤツヤとした黒さが加わって、顔形などはどうでもいいと思うほどの魅力があったのである。

　わたしの母も、彼女たちの声を聞くと、門の内に呼び入れて、五合ほどの楊梅を買う。米などをはかる場合の一合枡を彼女たちは使っていて、この枡に楊梅を詰めて軽く盛りあげる手際がいい。なれている女は、盛りあげたと見せて、実は中がスキ間だらけだったりのうまさ。

　だが、なにせ情緒のある売り子なので、ちっとも憎らしくない。呼びこんで楊梅をはかってもらいながら、誘ってみようとする男もいたのではなかろうか。

　さしてうまいと思わない小粒の実だのに、目の前にあれば、食べるわけで、季節がくるごとに、わたしたちはよく口に入れた。

こういう木の実でも、街の人たちが買って口を満足させたのは、ほかに果物が少ないせいではなかっただろうか、と今にしてわたしは思うのである。暖かい島なので、果物が豊富にあってよさそうだのに、実際には恵まれているといえなかった。

もっともわたしたちの身近にある果物はバナナとパパヤである。屋敷の一隅にその二つのうちのどっちか、あるいはどっちも植えている家が多く、自然に実がなるのを待つ。

バナナは、台湾産などと違って、実がとても小さいかわり、香りに品があって甘味が強く、酸味もあった。味の点では、甘いだけの台湾産にまさったのである。ただ台風に弱くて、せっかく実がついたのに、アッケなく根元から折れ、切り倒すしかなくなったりした。

パパヤは、よく熟したものでも、台湾産におよばない。沖縄の人たちは、果物として熟させるより、若い実を野菜として使うことが多かったのである。

野菜としてのパパヤは、皮をむいて薄切りにし、牛肉とともに炒めると、ステキなオカズになった。当時は牛を食用として飼育するというより使役したあとで肉にするという傾向が強かったから、肉質がひどく硬かったのであるが、パパヤには蛋白質をとかす成分がふくまれているため、いっしょに炒めるだけで肉をやわらかくしたのである。賢明な食べかただったといえるだろう。

盆のころには、龍眼が枝もたわわに実った。ご霊前に供える果物には、必ずこれが加えられたが、皮の中にある果肉は、不相応に大きなタネにからまっていると。幾ら食べても満足感がないのである。同じころライチーも熟するのだが、木はきわめて少なく、ほんの時たま、チラリとどこかの店屋に現れるだけなので、手にいれる機会はめったになかった。

越来、美里（みさと）というところを産地とする柑橘類の九年母《くねんぼ》は、秋に出まわる。熟しても皮は青いままで、甘味より酸味が強かったと記憶している。

この九年母は、たくさんとれたためなのか、わたしは毎年季節になると、ずいぶん食べたのだが、とにかく果物といえば以上が主で、よそから船で運ばれてくるのは、紀州蜜柑がおいしかったほか、りんご、梨の類いはむやみに高くて、おまけに水気をほとんど失っているというシロモノだった。

したがって、買う気にならなかったのである。

いずれにしても、果物は産業化されなくて、おいしい実を結ぶ木が少ない。したがって果物との縁が薄い人々は、赤い楊梅とそれを売り歩く娘の風情に、猛烈な暑さがくる前の気持ちよい季節を感じるのが、せめてもの楽しみだった。

もともと数少なかった在来の果樹は、沖縄が戦場となったため、ほとんど地上から消え失せてしまい、今は楊梅すら見ることがないのである。

戦後にパイナップルや蜜柑類の新種を栽培するようになり、外国から輸入される量も品種も増えて、近ごろは果物に不自由しなくなっているが、さしておいしいと思わなかった在来の果物が、姿を消した今ではいっそなつかしい。

つけ加えると、家々では楊梅の出盛る季節にたくさん買って塩漬けにしたことを思いだす。塩漬けにするとナガモチしたが、食事の時に漬けものを食べる習慣のなかった沖縄で、楊梅の塩漬けは、唯一のものではなかっただろうか。

塩気と果肉の風味が、ご飯をおいしくするので、弁当にも使われた。可憐な赤い小粒が食膳の色どりになったのである。

清明祭は墓前の宴

それは、いってみれば、お墓でひらくパーティなんです。つまりお墓にいらっしゃるご先祖とともに、血筋をひく家族、親族が顔をあわせての遊びだと思って下さい

――と、沖縄のことを知らない人に「清明祭」の話を聞かせると、とても信じられないといった表情を見せる。

お墓でパーティなんて、座る場所がないではないか、だいいち墓は遊び場でない

――と思うからであろう。

信じさせるためには、墓のつくりを語ることからはじめなければならない。

一般に日本では、お墓といえば、ナニナニ家の墓とかダレソレの墓と刻み記した墓石がギッシリと立ちならび、遊びの場にする余地はどこにもないのだが、沖縄の墓は違う。

昔は平地より小高い丘の斜面を選び、破風型または亀甲型の墓をつくった。墓の屋根は、ほぼ丘の稜線に沿い、死者の棺をおさめる入り口の前が、広い庭になっている。使われる建材は石で、定めの形に組みあげると、隙間のないように漆喰で塗りかためた。

墓の内部は、天井が低いだけで、規模の大小があるものの、たいてい広い部屋になっている。葬って数年経つと、白骨を清めてかめにおさめ、蓋の裏に名と歿年月日を記して、奥に安置した。したがって、古い家系だと奥には先祖の骨をおさめたかめがならぶ。新しく死者がある場合は、その前に棺を横たえて、入り口を密封したのである。

亀甲型というのは文字どおり、亀の甲をかたどってあり、破風型は、いわゆる破風づくりの屋根だ。

あたりに大きな松がたくさんそびえ、涼しい風の吹く丘に点在するのが、亀甲型、破風型の墓——というわけで、ここには、陰気なふんい気がない。昼は近くのコドモたちが遊んでいたり、夜は人目を忍ぶ男女があいびきするなど。よそ様のご先祖に見守られながら逢う瀬を楽しんで、子を孕んでしまうことさえあったのである。

さて、「清明祭」が営まれるのは、陰暦の三月だった。

わたしの父は三男で、分家したばかりだったから、もちろんまだ墓を持っていない。わたしたち一家は、本家の「清明祭」に加わったのである。日どりは、本家分家のどの家にとってもつごうがいいよう、三月の末ごろまでにきめればよかった。

本家の墓は首里の郊外、識名（しちな）という空気の澄んでいる高地にあって、破風型である。母が前の日から用意したごちそうを幾つもの重箱に詰めて持ち、家から一里ほど離れた本家の墓へ、歩いていくのが毎年の習いだった。陽ざしは強くなっているが、風には冷たさが残っているという、気持ちのいい季節だから、歩くのが苦にならないのである。

重箱に詰められたごちそうの色どりとともに、わたしが思いだすのは、母が、詰め終わって蓋をする前に藁結びを一つずつ入れていたことだ。

これを添えておけば、ごちそうがくさらない、と母は、わたしに聞かせていたのである。

料理を家の外へ持って出る時に、短い藁かヒモを軽く結んで添えるのが、伝えられている風習だった。マジナイに使う結びヒモを「さん」という。食べ物のくさりやすい風土に生まれたマジナイなのである。本気で信じていてもいなくても、習慣を大事にしていたのが、沖縄の女らしい。

昼過ぎに家を出て、お墓につくと、本家分家はすでに顔をそろえていることが多かった。幼年のころに何が楽しかったといって、家が離ればなれのため、いつもは会えない従兄たちと、「清明祭」で遊ぶのが一番だったのであり、コドモたちは、すぐに丘の上へかけていく。

あちこちの草むらで、野いちごがちょうど赤く熟している。野いちごのあるところには、ハブがいるから気をつけなさい、と注意されてはいたが、コドモは気にもとめなかった。

呼び返されて戻ると、幾つもの重箱が墓前に供えられ、墓の庭に敷かれたむしろに三家のオトナたちが居ならんで、本家の当主から順に、線香をあげている。供えてある重箱から料理をとり、みんなに配って、いよいよパーティのはじまりだ。

重箱に詰められている料理は、豚の三枚肉、魚の天ぷら、揚げ豆腐、揚げ田芋、かまぼこおよびごぼう、大根、こんにゃく、昆布の煮つけたものなどである。

ほかに丸餅を詰めた重箱、菓子もあるといったぐあいで、菓子としては「光餅」(くんぺん)、「李桃餅」(りとうぺん)などが一般的な供えものだった。

「李桃餅」は、小麦粉を固練りして、桃の形につくり、中に胡麻あんを入れた焼き菓子である。「光餅」は同じく小麦粉に鶏卵を混ぜ、平たくて丸い形にした焼き菓子で、極く少量の胡麻あんを中に塗ってあるという、どっちもコドモの好きなもの。

たとえば、「大鶏餃」（たうちーちゃお）、「金楚糕」（ちんすこう）、「鶏卵糕」（ちーるんこう）、「花ぼうる」とならんで、これら中国風の名がついている菓子は、唐・清時代に沖縄の王家が学んで製法を会得したにちがいないと思う。

「大鶏餃」は、鶏のトサカに似た形の、小麦粉をあぶらで練って油焼きしたパイみたいな菓子で、やはり胡麻あん入りである。「金楚糕」はビスケットのようで、「花ぼうる」は小麦粉、鶏卵によるアッサリした焼き菓子だ。

一方、「鶏卵糕」は、小麦粉に鶏卵を混ぜて水にとき、蜜柑の皮の砂糖漬けを練って中に閉じこめるなどした蒸し菓子である。

すべて王家を中心に伝承された菓子で、「首里菓子」ともいわれていた。

今は以上の菓子のうち、幾つかが土産品として那覇の店でも売られているが、昔は首里にしかなかったのである。

料理を食べて菓子にも手をだし、十数人にのぼる三家の人たちは、時間が過ぎるのも忘れて、語らいをつづけた。地方によっては酒が用意され、三線（さんしん）まで持参しての飲み、かつ歌い、踊りだすというにぎわいとなったそうで、ご先祖は、子孫の楽しむ様に喜びを深くしたことであろう。首里では酒抜きの湯をわかしてお茶をいれるていどのつつましい宴だったが、こうしてようやく日が西へ傾くころ、あと片づけをして、それぞれの家へ別れていく。一門が本家を中心に親しみあうという沖縄的血族社会を象徴する営みだった、とわたしは思うのである。

ところで分家して一家の主人となった人は、いつか自分たちの墓をつくらなければならないという気になるようだった。

父も同じ思いでいたにちがいないが、なにしろ墓をつくるのは、住む家を建てるに等しいことである。つくればレッキとした不動産になった。早い話が住み家同様売り買いの対象になったのである。ただし、ご先祖の安住する墓を、よぎない事情によるといえ、人手に渡したら、とんだ不孝として世間のそしりを免かれなかった。住む家は売っても、墓だけは守ったのである。

ついに父が墓を持ったのは、戦争が終わって、十年あまり経ったころだったか。しきたりによってお祝いをしたという便りが、東京に住むわたしのもとへ届いた。

このお祝いは墓前で営まれ、拝みごとがあったりして、墓の中に入るということも儀式の一つになっている。

いつしか世の中が便利な仕組みになっていて、そのころになると、住宅と同じように、業者が建てて分譲するようになっていた。同じ形の昔より規模の小さい破風型が行儀よく立ちならぶ中に父の買った墓があり、昔にくらべて時勢の推移を感じないではいられない。

　父につづいてあの世へ旅立っていった妹、母、ならびに幼くして亡くなった兄弟たちがおさまっている墓での「清明祭」を営むために、毎年わたしは帰郷するのだが、分譲住宅のようにならぶ墓のどれかに、前庭が雑草の茂るがままになっているのを見たりする。墓におさまっている方のあとつぎたちが、きっと遠くへいっているためであろう。

　しかし、荒れていた墓前が、ほかの機会に墓参りした時にみると、清められていたりするので、久しぶりで、ご先祖の眠る地に、遠くへいっていた人たちが帰ってきたのだな、と思って安心する次第。

　今は暮らしの必要で、ご先祖のいる地を離れなければならないことも多いはずだ。要するに、島に閉じこもっていられないのである。しかたなく「清明祭」を営めない年もあるにちがいない。

　そこにも時勢が現れている、とわたしは思った。

美し過ぎる魚の味

「この魚が食べられるんですか」と、わたしの案内で那覇市のほぼ真ん中あたりにある市場を見にいった東京からのお客さんは、驚きを声に表した。美しくありすぎるということが、食べものの場合は、かえって逆効果になったりする。その人も、ハデなネクタイの色模様を思わせる魚の美しさに、いささかショックを受けたようだった。

魚をならべて売っているオバさんにきくと、「みんなメバルです」という。東京あたりの魚屋で、メバルという魚を見なれている人ほど、自分の目の前にある魚が同じ「メバル」だといわれると、信じかねるらしい。

なにせ、かなり目方のありそうな大きさの「メバル」が、一尾ずつ色違いとなってならぶ様は、はなやかといえば、はなやかである。たとえば一尾が薄い灰色に鮮やかな青を刷毛で段々に塗ったような模様になっていると、隣りに横たわっているのは、やや濃い灰色の中に朱色の水玉模様が浮き出ていたり、また白と青とのダンダラ模様もあるといったぐあいだ。南海の自然がつくりだす色模様の美しさにほかならないのだが、見慣れない人をして、食べるのをためらわせる極彩色だともいえるだろう。

では、実際に食べるとすれば、どうなんだ？——ということになると、たしかに沖縄近海で獲れる魚の中では、タカサゴの一種である「グルクン」とならんで、無難に「食べられる」部類に入れていい。ここで「食べられる」というのは、一応の味があって、魚としてまずい部類には入らないけれど、瀬戸内海あたりでとれる魚の味をよく知っている人たちへ自慢にするほどのおいしさでもないことだ、と解していただこう。一般に南海の魚は、あぶらが稀薄で、パサパサしている。

南海の小さな王国だった沖縄の人々が培った文化の、特に料理に表れた面の高さをみるには、文化の中心となっていた首里の王城で発達したもてなしの献立、ならびに教養高い暮らしをしていた士族家庭の祝い膳などに目をつけるのが一番てっとり早いのではないか、とわたしは思うのだが、もっともたしかなこととして、わたし自身の経験をいうなら、わたしは正餐の席で、魚そのもの、つまり形のままの魚（切り身もふくめて）が焼かれているとか煮られている状態で膳にあるのを見たことがなかった。

——ということは、正餐の場合の料理に、加工されない魚が使われることは、ほとんどなかったであろうことを語っているのではないか。

いわゆる「さしみ」を食べさせられたことはあるけれど、沖縄の料理用語で「さしみ」といっていたのは、実はナマ魚の薄切りに酢をあしらったものだったのである。薄切りの白身は、必ず酢で半煮えになっていた。ついでにいうと「耳皮さしみ」と呼ばれている料理だって、十分に火を通した豚の耳および顔の、表皮を除いて残る軟骨の酢和えなのである。すなわち酢和えを沖縄の人たちは「さしみ」と呼んだのであり、「さしみ」という言葉自体が沖縄では異なる使いかたをされていたことになるだろう。

もちろん家庭の惣菜料理では、魚そのものがよく使われたけれど、昔ながらの手料理でわたしを育ててくれた母は、焼き魚とか煮魚など、日本的料理法を知らなかったらしく、ぶつ切りにしてお汁に仕立てたり、炒め煮したり、「飛び魚」だと輪切りにしてカラ揚げにするといった調子だった。カラ揚げが比較的おいしかったのは、あぶらののっていない魚に、揚げることであぶらの味を加えたからにちがいない。

しかし、一般に魚は、パサパサしているばかりか、買う人の手に入るまでには、もう鮮度を失っていて、たいへん生臭くなっている。この生臭さのために、わたしは魚嫌いになった。当時の人たちは、魚を生臭いものだ、と思いこんでいたのではなかろうか。

それも無理はなかったのである。あのころは、食品の鮮度を保つための冷蔵設備が普及していなかった。漁港である糸満から小さい舟で海へ出かける漁師たちは、獲った魚に陽を当てないようにする程度で、港に戻ってくる。魚を売りにいくのは女房たちの役目で、彼女たちは竹編みの籠に魚を詰め、上に葉っぱをかぶせて頭にのせた。買い手の多い街まで運ぶのに時間がかかる。街で売り歩くうちに、天から注ぐ強烈な太陽の光線は、さらに容赦なく魚の鮮度を奪った。イキのいい魚を買えるはずがなかったのである。

こういった事情で、魚を加工することが発達した、とわたしは思う。正餐の膳に出るごちそうのうち、魚を使ってある品は、きまってかまぼこの類いであった。魚そのものを煮たり揚げたり、炒め煮にして食べるより、はるかにおいしいこと、いうまでもない。

かまぼこに使われた魚は、主として「グルクン」である。「飛び魚」がたくさん獲れる時季には、この魚も使われたが、なんといっても上等なかまぼこになるのは「グルクン」だった。

中流以上の家では、木をくり抜いた小型の臼と杵とを備えていて「グルクン」などの値段が安くなっている日にたくさん買い、身をおろして臼でつく。なめらかになるまで手を休めず、苦労してかまぼこをつくり貯えたのである。

ふつうの白いかまぼこだと、何にも混ぜものを加えないでつくった。お祝い用のかまぼこは、蒸しあがった表面を食紅で赤くしたが、家使いする場合は、もちをよくするため、蒸すかわりに豚あぶらで揚げることも多かったのである。さらに鶏卵をタップリ混ぜ、てんぴで焼いたのを「かすてらかまぼこ」といい、これがかまぼこの最高級品だった。

ほかに、ごぼうや人参のタテ切りをすり身のシンにし、平たい長方形にして揚げることがあり、それを「つきあげ」というのだが、同じ類いの揚げかまぼこを薩摩ではやはり「つきあげ」と呼び、薩摩の外では「さつまあげ」といわれることから、どうやら沖縄の「つきあげ」が薩摩へ渡ってのち、薩摩から全国へひろまったのではないか——と、わたしは考えている。

薩摩には、沖縄からの渡来ではないかと思われる料理が幾つかあって、例をあげると、沖縄の名物料理である「てぃびち」が薩摩では「豚足」という名に変わり、「そうき骨」（中国料理でいう排骨）の汁仕立てが「豚骨」と称されている——など。以上のことから、「さつまあげ」のもとが、沖縄の「つきあげ」だとみるのは、自然な推理だといえるのではないか。

戦後の沖縄で食事を主とする店、いいかえると遊び場でない料理店としての草わけをした「琉球料理・美栄」は、わたしの亡き妹・登美がつくった店であるが、妹は開店に当って独自の献立をつくるのに、ひどく苦心したらしい。彼女は、宮廷料理として伝わるものの中から幾品、家庭料理として知られるものの中から幾品、および農家の即席料理にも目をつけて、すぐれた料理と思われる品々を選び、順々に一品ずつを味わってもらいながら、客人をして味の変化を楽しませるという料理編成をはじめた。

昔ながらのもてなしかた――会席膳に品数をズラリならべるという膳立てを改めて、温かい料理は、温かいうちに食べていただけるように、沖縄料理のもてなしかたを近代化したのである。

なかには彼女の創案による料理も幾つか加えられた。「たか菜」の汁を絞りとって、魚のすり身に入れ、菜の風味で魚のすり身に品のよさを与えた「たか菜入りかまぼこ」は、この一つ。豚の三枚肉（皮と脂身と肉の三つの層からなる）でつくる「らふてえ」も、彼女のくふうによって、やわらかく食べやすい肉料理に変わっている。

人参入り「つきあげ」の新型もつくりだされた。

それはともかくとして、「美栄」の献立でも魚を使う料理は、白身の魚を棒状に切り、衣を厚くつけて揚げる沖縄風天ぷら以外、一応すり身にしてつくる「かまぼこ」三種があるだけなのである。魚をいわゆるごちそうと呼ぶにふさわしい形に格上げするには、こうするのがいいという昔ながらの考えにもとづいてのことだったのだろう。

広々とした海洋の中に存在して、海からのごちそうが豊かであるように思われる沖縄で、魚料理の格が肉料理より低いのは、以上の事情によるのだが、数々のごちそうを食べてみれば、誰でもなるほどとうなずくであろうほど、豚肉料理が発達しているのは事実だ。

いとしきぽうぽう

　コドモたちが、たいへんシアワセな気分になるのは、旧暦五月四日だった。何の節句といった呼び名はなくて、単に「四日の日」――沖縄風に発音して「ゆっかぬふぃ」という。

　コドモたちが、好きなオモチャを買ってもらえる日だったのである。あのオモチャが欲しいと切に思っていても、コドモたちは、「四日の日」まで待たなければならなかった。わたしの両親は、子のためならカネを惜しまなかったけれど、ネダれば、すぐに買ってくれるほどの甘さでなく、わたしの欲しがっているのがオモチャだと、「四日の日」になったら――と答えるだけだったのである。おかげでコドモたちは、この日に買ってもらったオモチャをこわさないように扱いながら、一年後にくる四日の日を待つ。一方自分の手でもいろいろなオモチャをつくって遊んだものだ。

沖縄名を「まあに」と呼び、和名「くろつぐ」という植物は、刀をつくるのに適している。葉を切り払うと、長い棒のようなシンが残り、ぐあいよく先細りに反っているので、柄にする部分から上を削れば刀の形になった。わたしたちは、それでチャンチャンバラバラのマネをしたのである。

森で遊んでいる仲間たちへ斬りこむ時は、仮面をつけた。仮面は何でつくったかというと、竹の皮である。あちこちに生えている孟宗竹の皮を剝ぎとると、線香の火で、まず二つの目を焼いてあけ、つぎに鼻の穴と口をつくった。

耳に近いところにも小さな穴をあけて、ヒモを通す。顔にかぶった面は、頭のうしろにまわしたヒモを結んで固定するといったぐあいである。

今思うと、まことに稚気あふれる面だった。

ガジュマルという大木は、木登りをして遊ぶのに使われたが、小刀で幹に傷をつけると、乳のような汁をだす。幹の根元にある土をとって、白い汁をたくさん吸わせてから水で洗うと、土だけが流れて、ゴムみたいなのが残る。こねて丸くして、パチンコで飛ばすゴム玉をつくろうとしたけれど、ついにうまくできたことはなかった。

ほかに竹トンボ、水鉄砲、竹馬など、コドモの思いつく遊び道具をつくって日を暮らすうち、待っていた「四日の日」がまわってくる。

那覇の街にはオモチャ店もあったのだが、数は少なかった。「四日の日」前から品数を増やして、コドモづれの親が買いにくるのを待っている。だが、そういう店よりもっとにぎわうのは、人の集まりそうな場所を選んで、俄かに立つオモチャ市だった。

ゼンマイ仕掛けの自動車、ゴムヒモでプロペラをまわして飛ばす飛行機、およびゴムまりなどは、よそからの到来品で、これはオモチャ店でも売っているが、いわゆる郷土玩具が現れるのは、広場のにわか市である。

「チンチン馬」という名の郷土玩具は、紅型《びんがた》衣裳に花笠をかぶった女人の乗る馬が台の上にあり、台に車輪がついていて、動かせばチンチンと、いい音色をひびかせた。虹のようないろいろな糸を巻いてつくった手毬は、女の子たちの愛好品である。張り子の虎は首を振っていた。

そういった沖縄で生まれた玩具の特徴は、伝統の染物、織物に現れている南島人の色彩感覚が、そっくり玩具の色になっていたことで、鮮やかな黄色がふんだんに使われ、赤が巧みにあしらわれていたのである。

さて欲しいオモチャを買ってもらって、家に帰ると、よそゆきにする紺地の着物をふだん着に着がえた母がつくるのは、「ぽうぽう」だった。

「ぽうぽう」というあいきょうある名を与えられている食べものは、菓子の一種といってよいだろう。甘くない菓子である。

小麦粉を水でとき、鶏卵を加えたら一段とおいしくなるのだが、水だけですます家もあった。よく練って寝かしておき、薄く焼いてコロモをつくる。焼くには、フライパンによく似ている専用の浅い小型鉄鍋を使うことになっていた。

鉄鍋の中心に、ドロドロにといた小麦粉を流すと、すばやく鍋の取っ手を操作して、円形にひろげ、片側に火が通ったら、返して裏を焼くのである。

両面が焼けると、中心に「あんだんす」をのせ、クルクルと巻きこむ。細長い巻きものにすると思えばいい。

「あんだんす」については、別項でくわしく語ってあるが、わたしの妹登美は、自分が営む琉球料理店「美栄」の献立に、ひとくふうした「ぽうぽう」を加えた。妹がくふうした「ぽうぽう」のシンは摺りつぶした豚ロース肉と白味噌とをあわせたもので、「あんだんす」を使う場合よりアッサリした菓子になっている。お座敷向きということになろうか。

食べかたは、細長い巻きものの半分まで口に入れて噛みきること。端っこをちょっと口に入れたのでは、味のないコロモだけを食べることになるから、沖縄では誰でも、味噌が詰まっているところまで一口にほお張った。

ところで、いったい「ぽうぽう」というあいきょうある名はどうして現れたのだろう。

ある時、中国料理について書かれた記事を雑誌で見つけ、読んでいくと、「ポポ」という言葉に出合ったのである。

中国の東北、すなわち旧満州の昔むかし、肉をコロモに包んで食べるということがはじまり、これを「餑々」（ポポ）と名づけたそうで、清朝になったころから、満州地方ではじまった「餑々」が中国全土にひろがり、正月の食べものになったらしい。

古くから中国と縁の深かった沖縄にも伝わり、沖縄の人たちが手もとにある料理道具や材料を使ってつくりやすいようにした結果、沖縄風の「ぽうぽう」ができたのではないか、とわたしは考えた。

いずれにしても、中国東北ではじまった「ポポ」が「餃子」の元祖だとすれば、「ぽうぽう」は、今のわたしたちが好んで食べるその「餃子」の親戚だといえるのではないか。

さらにソーセージを巻きこんだり、挽き肉をシンにして食べるフランスのクレープとも近似性があるように、わたしは感じている。

なお「ぽうぽう」と組んで一対となる菓子は、「ちんぴん」だ。この名にも中国語の匂いをわたしは感じるが、つくりかたも「ぽうぽう」と似ている。小麦粉をとき、砂糖を混ぜて、薄焼きにしてクルクルと巻く。かくて甘辛二種の巻きものがそろって、コドモはハシャぎ、母親は満足ということになった。

折しも同じ日漁港では、爬龍船競漕(はありい)が催される。わたしがコドモだったころに、もっともさかんだったのは、随一の漁港であった糸満の「はありい」だった。遠い時代に沖縄から中国へいった人が、南京でその競漕を見て、あまりのおもしろさに、帰国してから同じ催しをしたことからはじまったといわれている。要するに龍の頭をへさきにつけた小舟によるレースであり、レースなかばに合図で船をひっくり返し、漕ぎ手の面々が立泳ぎしながら舟を起こす、水をかきだす——といった趣向もあって、速さを競う様に、人々は熱狂した。熱狂すると、男も女も、海に飛びこんで踊りだしたのである。

爬龍船のへさきには鉦《かね》を打つ男が漕ぎ手に向いて座り、漕ぎ手は鉦の音にあわせて手を動かす。決勝点に近づくと、ひびき渡る鉦はいよいよ速く、掛け声とともに人々の興奮を高めたのだが、この鉦の音は、沖縄の梅雨明けを告げる合図でもあった。

——というのは、旧暦の三月から四月にかけて、沖縄の空はぐずつく。シトシトと降る日が多くて、湿度が高くなり、おまけにもう暑くなっているため、人々の気分は晴れやかでない。

ところが、ジメつく日がつづいているうち、いつしか「四日の日」となれば、不思議なことにカラリと晴れたのである。

わたしの記憶にあるのは、青い空の下でひらかれていたオモチャ市だ。強い陽を浴びて雑踏の中を泳ぎ、あれかこれかと、品選びしたことである。だから沖縄の人たちは、はありいの鉦が鳴ると、梅雨が明けるというようになっていた。

こうして沖縄が真夏のカンカン照りとなってつぎの日――五月五日、家々では「あまがし」をつくる。

五月五日を端午の節句として、男子のいる家が鯉のぼりを立てて祝うという風習は沖縄になかった。

首里の旧家で育った人の話によると、「あまがし」とは大麦を臼でついて割り、水タップリの粥に炊いてから青こうじを入れて、一晩醱酵させたもののことだったそうである。

いわば大麦の粥で、酸味のある飲みものだ。椀にとって、すする前に、少しの砂糖を加えて、味をととのえたらしい。梅雨が明けて、家へ吹きこむ風に、陽の匂いを感じだす季節となっているので、醱酵した大麦粥の酸味がとても気持ちよかったという。

いつのころからか、そういう「あまがし」は忘れられて、わたしの家でつくったのは、モヤシの材料にも使われる青い豆――「ささげ」といわれる豆と大麦を煮て、黒砂糖の甘さを加えたものだった。

現在、「あまがし」といわれているのは、すべてこの大麦と青豆による甘い汁である。

白い砂糖を使ってもいいのだが、やはり黒砂糖でないと、沖縄らしい甘さにならない。

冷えてから椀に盛り、祖先のご霊前に供えるのが先で、そのあとに、家族が食べることになっていた。食べるには、箸を使わないのである。菖蒲の葉をほどよい長さに切って箸のかわりにした。

箸のかわりに使う菖蒲の葉が、ほのかに薫って、「あまがし」に風味を添える。

いよいよ毎日が暑さとのたたかいになることを思って、いつも冷たい「あまがし」があればいいのに――と、わたしは、自分の思いが母の心に通じるよう、ひそかに願ったものだ。

ゆし豆腐って何？

「あのぅ」というしおらしい声が、わたしの足をとめさせた。しおらしい声とはアベコベに、ヨレヨレのジーンズを着て、髪をチリチリの、可愛いっ気がないスタイルの女の子である。可憐な乙女も、グレた女も、今はこういう身仕度がイカシていると思っているようだ。

東京あたりから沖縄へ、色黒くなるためにきたらしいふたり。すでにうっすらと顔が焦げている。目の前にあるのはカンタンに腹ごしらえのできそうな店で、ひとりが貼り紙を指さし、

「ゆし豆腐あります、と書いてあるけど、それ、なあに？」

といった。お昼を食べたくなっているのだな、と察したわたしが、「豆腐好きですか」と尋ねたら、「ええ、とっても」と答える。

ハンバーガーに赤いトマトケチャップをタップリつけたのが、彼女たちの好みではないかと思ったのに、豆腐が好きとはスタイルとアベコベだ、とおかしくなったが、とにかく「ゆし豆腐」について説明すると、

「きめた！」

と一声、教えてやったわたしを無視して、店の中へ入っていった。

那覇のあちこちには、彼女たちの目についたような「ゆし豆腐あります」という貼り紙を表に出している「食事処」がある。

よそからきた人には判じかねる貼り紙の文字だが、これは格式の高い料理店の献立に加えられていても、決して場違いにならない食べものだ。

彼女たちに聞かせてなっとくさせた説明を、もう一度繰り返すと、「ゆし豆腐」とは、豆腐の形にならない前の豆腐とでもいえばいいか。

つまり豆腐をつくるには、まず水にふやかした大豆を水とともに臼で挽く。カスを漉し、流動体になったのを鍋で炊いて、ニガリを加えると、その作用で、豆腐と煮汁とに分離する。豆腐といっても、まだ白いフワフワの状態で、煮汁の中に泳いでいるのだが、これを型に入れ、布で漉し固めると、豆腐としてのできあがりだ。豆腐に固める以前の白いフワフワを煮汁といっしょに汲みとったのが、要するに「ゆし豆腐」

である。

「ゆし豆腐」の嫌いな人は、おそらく沖縄にいないだろう。豆腐に固める以前のフワフワなので、豆腐屋の労力が節約されている分だけ値段も安い。栄養は、固められたのと同等だし、もっといいことに、煮汁ごとならお汁のかわりになるので、あらためて料理する必要もないわけだ。

これが好きで好きでしょうがないという人がたくさんいて、早起きの豆腐屋が、型で固めてしまったらあとの祭りと妻女をせき立てて買いにいかせる。白いフワフワを煮汁ごと椀に盛り、庭に植えてあるとうがらしの赤い実一つを摘んで浮かべると、一段と食欲をそそる色どりになった。

塩がきいているにすぎない煮汁でも、とうがらしの辛さを加えると、けっこう飲める。また白いフワフワを食べるには、歯も必要でなく、ツルリ、ツルリとノドに通す時の感触と、できたての豆腐の香りがいい――と、「ゆし豆腐」好きは礼讃するのだが、この食べかたを素朴でありすぎると思う人は、煮汁をダシ汁にかえた。すると、風流人の好みそうな料理になること不思議なくらいだったのである。

ダシは鰹節を使ってとり、軽い塩味に醬油少々で香りをつけ、椀に盛ってから、青いネギの細片を散らすのだが、ネギの香りは「ゆし豆腐」とよくあう。

白いフワフワを煮汁から掬うには、玉杓子を使えばいいし、ただそれだけのことで、上等な朱塗りの蓋つき椀に盛ってサマになるような料理に変わるはずだ。

沖縄で生まれ育ち、嫁をもらってからは仕事の関係で東京にうつり住む紳士と会って、郷里のことなどを語りあった時、「沖縄で一番うまいものは何だった？」とわたしが尋ねると、「ゆし豆腐が最高でしたね」と彼はすぐに答えたのである。

なるほど彼も「ゆし豆腐」の支持者だったのか、と思い、「東京では食べることができなくて、残念だね」と同情すると、

「いえ、よく食べていますよ」

と意外な話を聞かせてくれた。

彼がいうには、奥さんにつくらせるそうで、わたしが「奥さんに臼を挽かせるのか？　ひどい酷使ではないか」と、こんどは奥さんに同情すると、彼いわく、

「文明の利器があるんですよ。ミキサーを使って、大豆を挽けばいい。家内は炊くだけでして」

どうやら「ゆし豆腐」は、家庭料理に組みこまれたようで、それも文明のおかげといえる。

話は興に乗って、焦げ豆腐におよんだ。

あのころのうまい豆腐は、良質の水が得られるところでつくられていて、主に農家のおかみさんによるささやかな営みだったのである。

石臼を使って大豆を挽くという手仕事なので、つくられる豆腐はほんの少しだ。挽いた大豆を炊く時の火かげんがむずかしいそうだが、よく注意していても、やはり鍋の底に焦げができる。

豆腐からの収入は、つくられる量が少ないだけに、いたって僅かだ。だから焦げたのをもったいないとして、鍋の底からていねいにとり、お焦げ混じりの丸い豆腐にこしらえた。

ご飯のお焦げと同じく、なんとなく捨てがたい味だったし、

「あの焦げた豆腐の苦味が、今はなつかしい」

と、わたしは彼とともに昔をしのんだのである。

折り目のごちそう

父と母とが結婚して、わたしと妹が生まれ、間もなくわたしたちの一家は、「金城」を去った。うつり住んだところは、那覇の近在で、安里（あさと）と呼ばれる半農村だった。父は那覇の商店に勤めて商売を覚え、母は小さな雑貨店を営むといったことで、一家の暮らしは、だんだんよくなる。親たちのカネまわりがゆたかになっていることが、日々の食事に現れた。

婚礼のごちそうに、お汁と「くう芋にい」しか用意できなかったほどの貧しい暮らししかしていない母の味覚が、どうしてあんなにすぐれていたのか、とわたしはいまだに解しかねているが、それはそれとして母がつくる食事は、とてもおいしかったのである。

首里と那覇の料理における違いを一口にいうなら、なにせ那覇の人たちは、使える現金を持っているので、よい材料でゼイタクな料理をつくったのに反し、首里の人たちは、粗末な材料をおいしくするためにくふうしたことであろう。母は自分のアタマを使うことに熱心だったようだし、また骨身を惜しまなかった。

おもしろいことに、母がノッピキならない用事で家を留守にし、日が暮れても帰ってこないため、わたしたちが腹をへらしていると、勤めから戻った父が、手早く気のきいた食べものをつくったのである。八十九歳で亡くなる前に父の語った話でわかったのだが、父が少年のころに祖父は短い生涯を終わり、あとに祖母と三人の息子が残されてからというもの、祖母は芭蕉布を織ることに余念なく、長兄は畑仕事、器用な手を持つ次兄が大工で稼ぎ、一番幼い父が炊事を引受けていたそうだ。そのころのことを、父は語ったのである。

「今日は折り目ということに気がつくと、何かおいしい夕飯をつくりたくなってね。そう思っても、汁をうまくするには、いいダシをとらなければならない。鰹節があれば申し分ないけれど、うちではとても買えないのだよ。かわりに、スルメを使おうと思いついた。スルメ一枚なら、何とか買えたので、これを削ってダシを取り、豆腐や菜っ葉などを煮こんだら、母も兄さんたちも喜んで食べ、折り目らしい気分になった、とおっしゃって——」

字で書くと「折り目」だが、沖縄の人たちはWUYUMIと発音する。旧暦六月二十五日とやはり旧暦八月十日が「折り目」に当っていて、なぜだか知らないが、どこの家でも、食事をゆたかにした。

安里にうつり住んでからの話になるが、外での遊びに疲れて家に戻ると、わたしのハナは、すばやく台所からただよう匂いをかぎつける。今晩のご飯はおいしいぞと心ときめいていると、果して、お膳にのっているのは、「てぃびち」か「そうきのお汁」だった。「今日は何の日ですか」と尋ねると、母が「折り目だからね」と答える。「折り目というのは何ですか」ときけば、「折り目は折り目だよ」と、オトナにも意味がわかっていない。

意味はわからなくても、コドモにとっては、「そうきのお汁」や「てぃびち」という沖縄の料理として最高のおいしいものが食べられる喜びだけで十分だった。ずっとのちのことになるが、ある物知りに、いわゆる「節日」とも異なる「折り目」の意味について尋ねたら、

「沖縄の民は、貧しいせいもあって、食事が粗末でありすぎたから、それを憂える王府のエライ人が、なんとなく折り目なる日を設け、この日はできるだけごちそうを食べるよう、島の民にお達ししたのがはじまりだ、と昔だれかに教えられたと覚えてい

る。要するに、幾分なりと栄養を摂らせるための日だったらしい」

費用は民の負担において、ごちそうを食べるがよかろうというお達しは、妙なご仁政だったわけだが、民は民で律儀にお達しを守り、財政的にムリをしても、日ごろ食べたいと思っていた肉などを味わい、考えてみると、誰しもごちそうは欲しいので、大正、昭和の世にうつっても、意味不明の風習がつづいたかのようである。

しかし、物知りがわたしに教えたことはホントだったのであろうか。あらためて歴史家にお尋ねしたいのだが、わたしが思うに、意味不明の「折り目」が、沖縄の家庭料理ひいては正式の祝宴料理を発達させるのにいささかの役に立ったことは認めていいのではないか。

苦い瓜に人生の味

夏になると、苦瓜《にがうり》とヘチマが、菜園の半分以上を占めるくらいにつくられた棚いっぱいに伸び広がるそれぞれの蔓から、幾つも幾つもぶら下がった。

わたしの父は、表座敷の前にささやかな鑑賞用の庭をつくり、家の裏手に当る広いところをいわゆる家庭菜園にしていたのだが、夏にそなえて、沖縄の多くの、敷地にゆとりある家がするように、春のころになると、苦瓜とヘチマのための棚を築いたのである。

当時中学生だったわたしが勉強している裏座敷からは、数知れずぶら下がっている苦瓜とヘチマが吹き渡る風に揺れる様を目の前に見ることができて、父が好きだった観音竹の鉢植えがならぶ表座敷の庭より、おもしろい眺めだった。

沖縄の人たちは、苦瓜を「ごうやあ」といい、ヘチマのことを「なあべえらあ」と呼んでいる。念のために形をいうと、ヘチマについては説明の必要もないと思うが、苦瓜は形がキウリよりやや大きく、濃緑色のイボだらけだ。今は西洋野菜の栽培がさかんとなり、夏でもいろいろな、葉っぱを食べる野菜が幾種類も出回るようになったけれど、あのころまでは、暑い時季になると、葉野菜がきわめて少なくなったのである。

だから青い野菜として、苦瓜とヘチマは貴重だった。

長くなってぶら下がるヘチマは、若いうちに取って食べる。斜めの厚い輪切りにして、豚あぶらを焼いた鍋に入れると、おびただしく汁をだす。豆腐といっしょに炒め煮するのだが、一滴の水も加えないのに、汁料理みたいになった。汁に甘味があって、うまい――といいたいのだが、実は、ヘチマ自体はヌルヌルして、わたしにとっては歓迎すべきオカズではなかったのである。

苦瓜にいたっては、なおさらだった。なにせ、名前のとおり、苦いのである。タテに二つ割りして、中のタネなどを除き、薄切りに刻んでから、ヘチマの場合と同じく豆腐を取り合わせて炒めるのだが、炒める前、水にさらしても強く残る苦味は、甘いものを喜ぶコドモにとって、とても好きになれないオカズの一つだった。

おそらく苦瓜もヘチマも、かつて沖縄とさかんに交流していた中国から渡来したのであろう。中国の人たちは、苦瓜を暑気払いの食べものとしているそうで、たしかに、もの憂い夏の食欲をすすませるものだ、とわたしがさとったのは、オトナになってからである。

一方、ヘチマと豆腐を賽《さい》の目に切り、鰹節でダシをとった汁の実にするというのも、よくつくられるおかずの一つだったが、これまた冷やしておくと、ほのかなヘチマの甘さが涼気を呼ぶ。

しかし、とにかく数知れず棚にぶら下っている苦瓜とヘチマは、毎日食べさせられても、減っていくどころか、あとからあとから実が下がってきて、むしろ増えていく。「きょうも、ごうやあですか」と食べないうちに早くも苦い顔になるわたしをなだめるため、母は、炒める時に鶏卵をといてからめたりした。

鶏卵をからめると、苦味がやわらぐのである。

——というぐあいに、毎日食べても、両親とわたし、および妹の四人では、増えていく苦瓜とヘチマの始末がつかないわけだ。ところが沖縄の人たちにとって、家庭菜園の作物は共有みたいなもので、菜園のない近所の人たちが、あたりまえのように、「ごうやあをもらいますよ」と入ってきて、欲しいだけ取っていく。取られるほうも、あたりまえのように、ニコニコと、幾つもさしあげる。苦瓜やヘチマばかりでない。たとえば屋敷内にパパヤを植えている家も多かったが、鈴なりになっているそのパパヤだって、もらいにくる人たちにまかせていた。

したがって、苦瓜、ヘチマ、パパヤなどが、カネで買う品物として店に出ることはなかった——と、わたしは覚えている。

さて、いみじきことに、コドモのころは苦手だった「ごうやあ」だのに、成長するにつれて、それはわたしのもっとも好きな味の一つになった。近ごろは郷里に帰ると、ほとんど毎日のように、豆腐と「ごうやあ」の炒めものを食べて、あきることがなくなっている。「ごうやあ」のほろ苦さに、類のない風味を感じるからだ。

いつだったか、二十歳代のなかばを過ぎたころだったと思うが、ある時、母に「やっぱりごうやあはおいしいですね」といったら、

「どうやらお前もオトナになったようだね」

と、うれしそうに笑ったのである。

苦瓜の苦味とヘチマの甘味に、ようやくうまさを感じたのは、人生の味がわかりかけたことを意味していたのかもしれない。

暑い日の芋葛揚げ

今ならどこへも乗用車で、さして時間もかからずにいけるほど、多くの家が自家用を持つようになったし、道もよくなったが、昔は乗合自動車や乗合馬車の通う路線は三つ、四つしかなく、たいていは足に頼るしかなかった。だから十キロ以上の遠くにある家へ、何かの用で出かけなければならなくなると、冬はまだしも、夏だとたいへんつらいことになる。熱度の高い太陽の光を浴びていると、髪が燃えているのではないかと思うほど、頭に痛さを感じた。それは帽子で防げても、頭から足まで、全身に流れる汗は、とめどもなくなる。

村から村を抜けて、目ざす家まで、畑を縫っていく道には、人通りがないのをさいわいに、帯をほどいて着物を脱ぎ、脱いだものをこわきに抱えたまま、肌襦袢だけの姿を風にさらして、テクテク歩いたりした。

こんなに難儀をしていくのだから、会いにいく人が家にいてくれなければ困るわけだが、電話があるのは役場、警察署くらいなので、出かける前に確かめるすべはない。向こうにやっとたどりついてみると、どうやらみんなお出かけらしく、雨戸がしまっていて、途方にくれることもあったのである。

だが、そういうことは、めったになかった。今のように世間の構造が複雑でなく、対人関係がこみいっていないためだったのだろう、用事というものは少なかったので、ほとんどの場合、家にいる。あられもない姿で、屋敷内に入っていくと、相手はウツラウツラと、午後の暑さを昼寝でしのいでいるということが、よくあった。

沖縄の家は、風通しをよくするように、いつも開けひろげていたから、当然人目を防ぐこともできなかったのである。

さて、あのころは、来客のすべてが前ぶれなしの不意打ちだったので、だしぬけに珍しい顔が目の前に現れても、あわてなかった。

汗を出しつくして、ノドがカラカラになり、飲ませたら一升ほどの水をお腹に入れそうな客人を座敷にあげると、さっそく冷たい飲みものをさしだすのではなく、まずかまどに火をおこす。

勢いよく燃えるようになったかまどのヤカンが音を立てるまで、かなりの時間がかかる。ようやく湯がわいて、お茶がいれられるという段取りだが、沖縄の家々で常用されていたのは、中国・福建省でつくられる烏龍茶だった。いれるには熱湯が必要である。

したがって、遠路を歩いてきて、まだ汗もとまらない客人にさしだされるのは、アツアツの茶だ。

氷水なんてのは、街にしかないごちそうの部類に属していた時代なので、冷たいものといえば井戸水だけだったし、水質のあまりよくない沖縄では、客人へのもてなしにナマ水を――ということはなかったのである。

いかなる場合も、熱い茶をもてなすのが習いだったのであるが、この熱い茶が実は、疲れたからだをよみがえらせた。

熱くて、香りの高い茶を何杯もおかわりして飲むうちに、汗はおさまり、ノドのかわきを忘れてしまう。

そのころ、台所から、揚げものをする音が伝わってくる。

何を揚げるかといえば、「芋《んむ》くじあんだぎい」といわれているものだ。「芋くじ」は、つまり芋の葛――芋からとった澱粉であり、「あんだぎい」は、あぶらによる揚げものを意味している。要するに即席の食べものだ。

「芋くず」――沖縄風に発音して「芋くじ」は、貯蔵食品の一つである。沖縄の人が「芋」といえば、一般に日本語で「さつまいも」と呼んでいる芋のことだ。この芋は、一六〇五年に、琉球王府から中国へ派遣された船の総官（庶務）という役職にあった人が、南中国から鉢植えにして持ち帰り、出身地の土に根づかせたことにはじまっている。

唐からきた芋なので、沖縄では唐芋といっていた。沖縄にひろがってのち、薩摩へ伝えられ、さらに日本の各地へひろがったので、「さつまいも」といわれるようになったのであるが、とにかくたとえば九州地方では、米不作の度に起こる飢えを救うのに役立ったそうである。沖縄の農家にとって芋は貴重な常食品だった。種類はなかなかに多く、そのまま食べておいしいのはふだんの食事に使い、おいしくない芋から澱粉をとったのである。

多くの家が、壷屋焼きの壷に、吉野葛に似た白い芋澱粉を貯えていて、いろいろな使いかたをしたのだが、菓子の類いを売っている店が近くにない農村では、すぐ間にあう「芋くじあんだぎい」をつくってもてなすことが多かった。

「芋くじあんだぎい」をつくるのは、いたってカンタンである。白い澱粉に水を加えて、耳たぶくらいのやわらかさに練り、指ですくいとると、親指で押しひろげ、丸い形にしてから、あぶらに入れた。そのため、指の跡が表面につく。という形に、技巧のない手づくりの感じが現れたのである。

また指で押しのばすようにして形をこしらえるから、円型のふちには、たくさんの裂け目が生じ、この裂け目はカリカリに揚がって、なかはシットリというところに、食べての快感があった。

しかし、おいしいのはアツアツのうちである。冷えるにつれて、おいしさを失っていくので、どうぞ、お茶といっしょに——とすすめられる客人は、遠慮していられない。暑いさかりに長い道を歩いたあげくに、熱い茶と舌にヤケドしそうな「あんだぎい」でもてなされる客人は、暑い思いをしたあとのごちそうが、不思議なほど後味のいいものであることをさとったのである。

むやみと暑くて、もてなす品の少ない島の人たちは、風土にふさわしい遇しかたを思いついていたというべきだろう。

わたしの妹である登美は、夫と死に別れてのち、習いおぼえた料理で暮らしを立てようと思い立ち、那覇に「美栄」という名の琉球料理店をひらいたのだが、客をもてなす献立の中に、「芋くじあんだぎい」を入れた。彼女がつくる「あんだぎい」には新しいくふうがあって、ナマの芋をふかしてつぶし、澱粉に混ぜるといったことで、農家風「芋くじあんだぎい」のおいしさを一段と洗練したのである。おかげで、品のいい味になった。

ようこそご先祖様

盆の行事が七月にあるので、そう呼ぶようになったのだろうと思っているのだが、一般に沖縄の人たちが「七月」という場合は、盆のことである。

つまり「七月」という月を指す言葉が、盆という言葉のかわりに一般の慣用語となるくらい、七月は盆のためにあり、一年十二カ月のうち、もっとも重要な、正月にまさる月となっていたわけだ。

この十年ほどの間に、沖縄の古くからあった風習が急速に変わり、特に都市でいちじるしい。多くの人が部屋数の少ないアパートに住み、そこにはいわゆる仏壇を設ける空間的ゆとりがなく、また人々も近代化した社会組織に組みこまれて、仕事を休むことがむずかしくなったため、昔ながらの行事を簡略にせざるをえなくなっているのだが、以前は、陰暦七月十三日になると、ほとんどの商売が途絶えたものである。

よその土地から夫とともに沖縄へきて住むようになり、はじめての「七月」を迎えた奥さんが、十三日の午後、夕食の材料を買いととのえるため、いつものように市場へいったら、人影がまるでない。店という店がしまっていて、ついに何も買えなかったそうだ。

行事の三日間と盆明けの一日、あわせて四日間は、沖縄の風習に生きるすべての人たちが、仕事をやめて、もっぱらご先祖接待に熱中するということを知っていれば、買いだめしておくのは常識だったのに、その奥さんは、自分に一物も買わせない街に怒りを発したという話である。

念のためにいうと、三日間休んだあげく、さらにもう一日、盆明けに仕事をしないのは、十三日の夕方から十五日の深夜にわたるご先祖接待にくたびれ果てて、みんながボケーッとなるためだった。わたしもよく覚えている。コドモのころ、盆明けに友だちの家へいったりすると、みなさんがグッタリとなって、何をするにもケダルそうだった様子を――。

かくも沖縄の人たちにとって重要な盆行事は、正確にいうと、陰暦七月七日、すなわち「たなばた」にはじまる仕組みだ。沖縄の「たなばた」は、星祭りでなく、墓参りの日である。墓のことを、わたしたちは「お墓」などといわなかった。親たちの言葉にしたがって、「ご先祖」(沖縄の発音ではぐしんじゅ)といったのである。ここにご先祖がおそろいでいらっしゃるので、「ご先祖」といいならわされたのであろう。

その日にお墓へいってするのは、墓の庭に散っている落ち葉を掃き、雑草を取って、あたりをスガスガしい状態にしてから、お茶と線香を供えることだ。なぜ「たなばた」の日に墓へいくのですか、とコドモのころ、父にきくと、「十三日には、家へお帰り下さるよう、ご先祖にご案内申しあげるためだ」と父は答えたのである。ゆえに「たなばた」の日には、必ずご先祖のところへいかなければならないというのであった。

八十八歳を越して、父はまだ存命だったが、折悪しく、「たなばた」の日は、ドシャ降りに強風が加わり、墓参りはおろか、掃除もできそうにない。風雨にさらされながら墓の掃除をしても、すぐに荒らされてしまうと思い、明日にしましょう、と父にいうと、「たなばた」は今日だ、お参りにくるのを待っていらっしゃる、この世の人なら待たせておけるとしても、あの世の方をお待たせすることはできない、濡れるのがイヤでいきたくないのなら、自分がいくぞと、叱られたのである。

「たなばた」のころから、街のにぎわいは、十三日に向かって、だんだん高まっていった。沖縄の経済がもっとも活発に動く時期なのである。いいかえると、沖縄の家々が、一番カネを使う時季だった。

ハワイ、アメリカ、南米、および東南アジアの国々へ出稼ぎにいっている人たちから、故郷の家へ、まとまった額の送金が届くのも、そのころだったのである。「七月」の費用を、どんなにムリしても、故郷へ届けるのが、出稼ぎにいっている人たちのご先祖に対する孝心の現れだった。現金収入のない農家では、来年の冬につくる黒砂糖を提供する約束で、那覇市の砂糖委託商から前借りする。

また代金あと払いの「ツケ」を清算するのは「七月」ということになっていて、官公庁は別とし、民間の企業が従業員にボーナスをだすのは、「七月」直前だった。陰暦の七月は、太陽暦の八月、あるいは九月になることもあるが、したがって沖縄での夏のボーナス時期は、おくれてくることが多かったのである。今でも、その慣習にしたがっている企業が少なくないのではないか。

「七月」のための市は、常設市場ばかりでなく、街の要所に立った。ご先祖をもてなすごちそうの材料を売っているし、道具類の店もたくさん現れる。敷きものが古くなりすぎているとか、ごちそうを盛る椀、お膳など器の類いがずいぶん傷んでいて、ガマンしながら使っていたとすれば、この機に買い替え、家の様子を景気よくして、ご先祖を迎えるといった人たちのための市だ。いわば、すべての家がご先祖を迎えるという行事のために、カネが動いたのである。

さて、いよいよ「お迎え」の日、朝から夕方にかけて、家の内外をよく掃除し、供えるものの用意をした。

仏壇——といってはなんとなく沖縄らしくない。沖縄の人たちは「ご霊前」といっている。お葬式には、僧侶の読経をお願いするのだが、これはとむらいの形式をととのえるためだったらしく、宗旨による寺と檀家の結びつきはない。それぞれの家に宗旨がなかったので、どの宗旨の坊さんだろうとかまわなかったようだ。長くつづいている家の位牌は、横長の形になっていて、法名が書かれている赤塗りの名札をさしこんで並べるというつくりになっているが、法名を与えた僧侶の宗旨が、そのたびに異なっていたため、禅宗的な法名があったり、真宗的法名があったり、俗名だけだったりすることもある。お盆だからといって、坊さんにきてもらう家も、きわめて少ない。要するに、仏教にもとづいて、先祖とつきあっているのではないから、死者をほとけといわず、彼らが敬っているのは「祖霊」だ。「祖霊」に接する場を、ゆえに「ご霊前」と呼ぶのである。

三日間にわたって「ご霊前」に供えておくのは、冬に成熟する製糖用と異なり、「七月」用として植えられ、真夏に成熟する砂糖キビを一尺くらいに切りそろえて束ねたのや、長い棒状に切ったキビ二本、ならびにバナナ、パイナップルなどの果物で、束ねた砂糖キビには、赤い紙で帯をさせた。

赤い色は、一般に祝い心を表すものとされている。結婚などの祝いごとに招かれて、沖縄の人たちが持っていく祝儀のカネは、白紙で包み、表に長方形の赤い紙を貼ることになっていた。今は、のし袋を使うようになっていて、「七月」の「ご霊前」を拝むために訪れる親族たちが、品物のかわりにカネを供える場合も、やはり祝いのしるしである赤いのし袋を使う。亡くなった人の霊に供えるからといって、黒いのし袋を「七月」に持参するのは、非常識なことらしいのである。

すなわち「七月」に祖霊を迎えるのは、沖縄の家々にとって最高の喜びごとだ。お迎えの儀式は、家々によって、荘重になされたり、気楽になされたりしたが、格式高い上流の本家では、当主をはじめ、家族、親族が紋つきの礼服を着て、ひらかれた門に向かって立ちならび、それではという合図で迎え火をたく。ようやく迫る宵闇とともに、音もなくご先祖たちが打ちそろわれてご入来するのを、目で見ているかのように恭しく拝礼して、「ご霊前」に案内し、遠路の疲れを、ひとまずお茶と菓子でもてなす。

こうして当主から順々に線香をあげてごあいさつし、分家の人たちは、本家でのお迎えをすませてのち、自宅での行事をはじめたのである。

ご入来早々の「祖霊」にさしあげる夕食が、「雑炊」(じゅうしい)という沖縄風炊きこみご飯に一汁一菜を添える程度の軽い膳であるのは、おもしろい。旅の疲れに重いごちそうは、かえってよくないということか。実をいうと、わたしはその意味を知っていない。「祖霊」に供えてのち、一家団欒の夕食は、なんとなく晴れやかだった。

つぎの日になると、一段と人々は忙しくなる。女性たちは、三度の食事を「祖霊」に供えるという仕事のほかに、拝礼にくる親族、客人たちと応対しなければならない。合間を縫って、こちらからも親族の家へ、ご滞在中の「祖霊」に線香をあげにいく。折から暑さは強く、はじめは直系の本家へおもむいてのち、血の濃い順にまわって拝礼するのであり、出向いた先で、久しく会わない縁者と、汗をふきふきの対面があるなど、苦労でもあり、楽しくもある。こうして家と家との間に、人の往来が複雑に錯綜するのであった。

うるさ型の老人になると、「お送り」の日までに、とうとう顔を見せなかったのは、どこの誰だったというぐあいに、シッカリと覚え、なにかにつけて、「ものを知らぬ」とコゴトをいうようになるのだから、たまらない。近ごろは、タクシーという便利な乗りものがあるので、借り切って、親族の家々をまわる人が多くなっている。

二日目からお供えは、沖縄の人なら誰でも好きな豚肉の料理が主になる。多くの家では、骨つきのあばら肉を汁ものにこしらえるが、おかげでこのあばら肉の市場値段は、「七月」前にハネあがり、貧しい家の主婦を嘆かせた。

お供えする献立は、家の経済事情によって幾らかの違いがあるものの、だいたい原則にしたがって組み立てられる。

母が台所のことを妹にまかせて身をひいてから、わたしの家ではもっぱら妹が三日間の献立をつくっていたが、思いだしながら記すと、お迎えがあって、つぎの十四日朝は、いつものように茶と水をあげ、朝食の膳は簡単に、家族のいただくのと変わりのない品を供えていた。

白いご飯と豆腐入り味噌汁、小皿に「ちゃんぷる」（別項参照）といったぐあいで、昔ながらの日常性がある朝食をともにいただいて、亡くなった人を身近に感じたのである。

お昼の膳は、粥であった。「まあじん」という栗を混ぜて粥の色どりをよくする家も多かったようで、お汁は味噌仕立てである。具の一例をあげると、焼き豆腐、ごぼう、里芋（ちんぬく）などで、和えものには、ちょうど出盛りの冬瓜《とうがん》を使っていた。

沖縄の用語で、「まどぅぬむん」（間のもの）というのは、食事と食事の間に供する軽い食べもの――オヤツを指していることもあり、十四日の午後三時ごろには、冷やそうめんを祖霊にあげるのが一般のしきたりである。

夕食は白いご飯に、例の汁仕立ての骨つきあばら肉を主とした献立で料理に重厚さが加えられた。

ほかにキウリ、モヤシ、細切りイカのなますと「田芋《たーんむ》でんがく」(別項参照)がつく。

――というもてなしで二日間が過ぎ、いよいよ十五日となれば、「ご霊前」の供えものは、お別れの晩餐へ向かって盛りあがる。

朝は前日と同じ、昼の粥も変わりはないが、「間のもの」としては、団子入りの甘い小豆汁および煮た田芋と「ちんぬく」の輪切りを供えるといった調子ですすみ、夜は「てぃびち」(別項参照)か肉入りのお汁が中心で、ご飯には小豆を炊きこむ。小豆を炊きこんで赤くするのは赤飯のかわりで、なますを添えることは、いうまでもない。

家族も「ご霊前」のある部屋に顔をそろえて相伴し、楽しく時を過ごしているうちに、お送りが近づく。

ではというので、あらためて供えるのは、「御三味」(うさんみ)といっている重箱詰めの料理と、同じく重箱に詰めた丸餅だった。

料理は三枚肉、赤染めかまぼこ、かすてらかまぼこにごぼう、昆布、椎茸の煮しめ、白身魚の天ぷら、味つけ田芋、揚げ豆腐など。

丸餅と料理を詰めてある重箱は、どっちも二つずつなので、あわせて四つになる。お迎えの夕方に供えた果物と砂糖キビはお送りがすむまで下げないから、これらのごちそうがならぶご霊前はまことに盛観というべきだ。家長がうやうやしく線香をあげて手をあわせ、かつ深々と頭を下げて拝礼するのにつづいて、序列どおりに家族一同が一人ずつ線香を供えるころ、香炉から立ちのぼるケムリは部屋に流れ満ち、誰も彼も蕭然となる。

はなやいだ気分の賑々しい三日間だっただけに、もてなしを受けた主役たちが、そろそろお立ちになって、あの世へ帰られるのも間近に迫っていると思うと、もの悲しくなって、さっきまでの談笑が沈黙に変わったものだ。

「お送り」はできるだけおそく——ということになっているのは、名残りを惜しんで、今しばらく、とおひきとめしておきたい気持ちの現れなのである。

時間が過ぎて、午前零時を告げる柱時計の音もとっくに聞いた。夜はますます深くなるというころ、家長がご霊前に姿勢を正して紙銭《うちかび》を焼く。薄茶色の軽くフワリとしている紙に鉄製の型をあて、穴あき銭の形を打ちならべたのが紙銭である。あの世で入用のカネを祖霊へさしあげるという気持ちから生まれた風習だ。

金だらいに水を満たし、金棒を幾本かさし渡した上で、紙銭が焼かれる。燃える炎がおさまろうとする時、「ご霊前」に供えてあった盃をおしいただいて、酒を注ぐ。青い炎がパッと立ち、黒い灰になると、ふたたび家長が線香をあげ、来年のお越しをお願いするという段取りだ。家族の拝礼も終わって、線香の燃え残り、供え物の一部、「ご霊前」の花などをすべて金だらいに入れて持ち、お立ちになった「祖霊」を見送るように、外へ出て、適当な場所におく。

家の中に引返すと、「祖霊」がお帰りになったあとの「ご霊前」は灯が消えて、急にむなしさを感じる。

あくる日に、生きている人たちの疲れが出るということになるが、農村では、「えいさあ」と呼ぶ楽しい行事があって、若い男女が踊りを楽しんだ。「祖霊」を満足させたあと、こんどは自分たちが――ということであろう。

いずれにしても、三日にわたって、「祖霊」のお相伴をするということは、生きている人たちにとって、ごちそうを食べて生命を養うことを意味していた。

わたしの親しい物知りが、こういっている。

それというのも、おしなべて貧しかったせいだろうね、沖縄の人たちは、自分のためにおいしいものをつくろうとする時、とかくためらいを感じるらしい。無用のゼイタクをするように思って、何かに相すまないと考えるのかもしれないが、反面、ご先祖への孝行として、「ご霊前」に供えるということになると、心おきなくごちそうをつくった。試しに沖縄の行事をみてごらん。ご先祖のために営む場合だと、晴ればれといい料理をこしらえて、自分たちが「うさんでえ」（おさがり）をいただき、みんなニコニコしているではないか。生きている人をして、心にとがめることなく、ごちそうを食べさせるために、ご先祖がいらっしゃると考えてもいい。

さすがにわれわれのご先祖はエライと思わないか――というのである。

真黒いスミイカ汁

おのれのからだから出すスミ汁にまみれているイカの姿は、なんだかあさましく感じられた。せっかくの白い身がスミで見苦しく汚れ、おまけに猛烈な匂いである。

特に夏はひどかった。気温が高いと熱気に煽られて、あらゆる匂いが濃くなり、人間の鼻を襲ってくる。時たま母につれられて市場へいくわたしは、魚の売り場で尻ごみした。冬だと匂いも幾らか静まっているが、春ごろからは、まだ近づかないうちに、遠くから魚臭さが出迎える。あたりの人々を圧するかのように、スミまみれのイカから立ちのぼる匂いには格別の力がこもっていた。

今なお魚市場という三文字を見る度、条件反射とでもいえばいいか、わたしはスミイカの匂いを思い出す。

だが、奇妙なことに、コドモのころにはあれほど嫌いだったイカのスミ汁が、成長してオトナの味覚を持つようになるとともに、おいしいと感じだしてからは、あの匂いがむしろ好ましくなったのである。

いい匂いだとは、とてもいえないけれど、魅力があるわけだ。

要するに醜女の深情けにほだされて、離れられなくなるようなものだ、とわたしは思っている。

——というのは、およそあらゆる料理の中で、これほどまずそうな色はなく、匂いにも品がなくて拒絶反応を起こさせるのは、ほかに類いがないと思われるのに、イヤイヤながら何度も口にするうち、いつの間にか魅力のトリコになってしまうからだ。

そもそも汁が墨汁そっくりの真黒である。真黒い汁の中に、足はぶつ切り、身は輪切りにされたイカが煮え、小さく切られた豚ロース肉とクタクタになった苦菜が混ざっている様は、はじめて出合う人を気味悪がらせるだろう。

しかも匂いが濃厚だ。イカのスミ独特の強烈な匂いに立ち向かうためには、何でも食べてみようとする勇気が必要である。暑いさかりだと、スガスガしくなる食べものがよけい欲しくなるのだが、このイカ汁はアベコベで、色も匂いもしつっこそうだ。

だが、色の悪さと匂いとが立ちふさがって、食べさせまいとしているような、自分の心理にあるその壁を通り抜けさえすれば、黒い汁の中にあるのは、まさに醜女の深情けにたとえたくなる味なのである。

まず汁が、あらゆる種類の味とくらべて、異風な味だ。人間の味覚がおいしいと感じる味の中には、こんな変わったのもあるかと思わざるをえない味である。といってイヤな味だと感じる人はいないはずだ。

磯の香という言葉があって、海辺を歩いている時、風が伝えてくる匂いのことだそうであるが、それは決してイヤな匂いでなく、むしろ好ましいもの、と誰しも感じている。

スミ汁の匂いは、あまりに強すぎるので、イヤがられたりするが、いわゆる磯の香を煮つめて濃くすると、スミ汁と同じ匂いになるのではないか。わたしはスミ汁の匂いで、必ず広い海原を連想したものだ。

今では故郷の海を思うと、きまって暑いさかりに食べたイカのスミ汁煮が味覚によみがえる。

イカもおいしいのだが、スミ汁煮の値打ちは、真黒い汁にあるといっていいくらいだ。

苦菜というのは、沖縄の汁料理でよく使われる、ほろ苦い草で、豚の肝臓や腎臓を煮る場合などにもなくてはならないもの。

では、スミ汁煮のつくりかただが、鍋の底にこの苦菜を敷き、豚ロース肉とイカを重ねて、鰹節のダシ汁を注ぐ。これを火にかけて煮るのだが、イカがやわらかくなったころ、仕上げにスミ汁を流しこむのである。

風味を失わせないためには、流しこんだスミ汁に熱が通ったころ、鍋を火からおろす。

この汁は、通じをよくするといわれ、沖縄の人たちは薬効を信じているのだが、食べて閉口するのは、白い歯が黒くなって、しばらくはとれないこと。またトイレで自分のからだから出す物まで、黒くなっていることにおどろく。

富山には、「黒づくり」というイカのスミを使った塩辛があるそうだが、スミ汁煮だけは沖縄の料理にしかあるまいと思っていたわたしは、はじめてのヨーロッパ旅行でロンドンに滞在中、スペイン料理店のメニューに、よく似ている料理を見つけた。ぜひとも食べなければと思って注文すると、スミがソースに使われ、イカにからめてある。沖縄ではきまって汁料理だが、この場合はスミをソースにして味つけに使うという違いがあるにせよ、匂いも味もそっくりだ。イカをどうやって食べようか、という時に人間が発想する方法は、自然に似るものだ、とわたしはさとったのである。

いずれにしてもイカのスミを料理に使うということで、わたしたちの先祖が、スペイン人と同じ発想をしたのはおもしろい一致だ。

小さい島に生きて、外の広い世界に何があるかを知らないでいると、いろいろな物を自分たちの島にしかない独特の創作だと思いがちであるが、わたしは、スペインのイカ料理を見て、やっぱり知識をひろく持たなければ、と教えられる思いだったのである。

やがてロンドンでの滞在を終わり、つぎの予定地であるローマにいくと、さらにスミ料理の幾つかを見つけた。

昼食には魚料理がよかろうと思いながら、ある通りを歩いていると、ちょうどイキのよさそうな魚を店頭に飾るレストランが目についたので入っていき、ウエイターのさしだすメニューのスミからスミまで見たら、米のスミ汁炊きというのがある。

値段は、ほかの料理よりずっと高い。どうやら、イカのスミは貴重品らしい、と思いつつ、ものは試しと、ウエイターに注文すると、少し時間がかかるけれど、よろしいか、という。

もちろん遊びにきている旅行者にはタップリ時間があるので、ノンビリと米が炊きあがるのを待つ気になった。

イカの身よりスミ汁が高価なのは、イカから取れるスミ汁の量が少ないせいであろう。どんな米料理が現れるか、と楽しみに待っているうち、ついに現れたのは、真黒いご飯である。

思いのほか量も少なく、軽く盛ったご飯一杯ていどだ。これまたスミ汁そのものが貴重品であるためか、といささかアキレたのだが、やっとフォークですくえるくらいの水気が多い真黒メシには、期待どおりスミの匂いが充満している。うまかったかと問われたら、スミの味は沖縄料理ほどではなかったと答えよう。

ローマからは遠くにある故郷のスミ汁がいっそう恋しくなった。

あの日から十数年も経ってから、東京のあるレストランで、イタリア料理祭りがあり、現地の料理長が生粋の味をつくると聞いたので出かけると、メニューにスパゲティのスミソースがある。

なるほど、白いスパゲティに、黒いソースをからめてあったが、まったくといっていいくらい、スミの匂いがない。まずくはないが、スミのスミらしい匂いがないので、大事なものが欠けているのを、わたしは感じた。

たぶん食べにくる客が嫌うかもしれないと考えて、匂いがなくなるほど、スミ汁を薄めたのかもしれないが、イカのスミにはあの強い匂いがあってこそ——と、あらためて故郷で食べるスミ汁の魅力に、心が走るのを感じたのである。

真白い落花生豆腐

いいかげんにつくられていると、それこそ箸にも棒にもかからない味になってしまうが、ていねいに、細心にこしらえてあると、「地豆どうふ」は、これを仕上げた人が胸を張って誇れる料理の一つだ、とわたしは思っている。

沖縄の人たちは、落花生を「地豆」という。地面の下で実が育つから、「地豆」と呼ぶことにしたのであろうが、沖縄風にいうと「じいまあみ」だ。

コドモのころ、ある家へ遊びにいき、菜園で「地豆」の花が咲いているのを見たことがある。ほんの少しだけれど、「地豆」の収穫があるそうで、だから沖縄でも「地豆」は栽培できたのであるが、農業としてはどうだったのだろう。

その「地豆」を材料とする「豆腐」が、いつのころから琉球料理の一つになったのか。これも中国に学んだものにちがいないが、とにかく古い時代の沖縄に、「地豆」

が豊富にあったとは考えられないので、数ある料理の中で「地豆どうふ」は、なかなか出合えない美味となっていたにちがいない。

つくるのがめんどうなので、家庭料理としてはムリだ。めったにない祝いの膳部をにぎやかにするため、「地豆どうふ」を献立に入れるということになって、骨身を惜しまぬ料理担当者が、もろ肌を脱ぐ場合でないと、その美味を口にすることはできなかったと思う。

――というわけで、昔は材料が少なかったことなどのために、「地豆どうふ」は珍味の一つになっていただろうし、文明開化してどんな品でも船で運べる時代になると、骨身を惜しむ人が増えて、なかなか出合えない料理になったのである。

手間がかかるといっても、商売となれば別だ。専門の料理店では必要に応じてつくったりする。青年に成長してから、料理店の会席膳に現れる「地豆どうふ」によって、わたしはこの料理の味を知ったのであるが、まだ味覚が若かったせいで、あまりおいしいと感じなかった。

肉を何より好む年ごろのわたしには、ほのかな風味に値打ちのある「地豆どうふ」の優雅さが理解できなかったのである。

さて、「地豆どうふ」は、日本料理の「胡麻どうふ」と、片や「地豆」もう片方が胡麻を使うという違いはあるにしても同種の料理だとみていいだろう。

殻から取りだしたナマの「地豆」を水につけておき、赤くて薄い皮をはがしてから水を加え、すり鉢でするのだが、ザラザラのない、完全な白い液体となるまで、かなりの労働が必要だ。

つくる人は、根気と力をすりこ木に託して、くたびれはてる。料理に熱心なのは婦人に多く、食べれば軽くノドを通ってしまう「地豆どうふ」が、きわめてなめらかな感触を舌に与えるようにするため、すってすって、「地豆」が水に溶けた状態になるまで手を休めなかった。料理するもののつとめだと思っていればこその苦行だったのである。

やっとすり終わると、裏漉しして、カスを除き、「芋くじ」の中でも、とりわけ上質なのを選んで、その適量を混ぜあわせた。「芋くじ」は芋からとる澱粉のことで、これを混ぜるのは、豆腐のように固めるためであること、いうまでもない。

つぎにドロドロを鍋に入れ、はじめ強火にかけて火が通ったころ弱火にし、掻きまわす手を瞬時も休めることができなくなる。手を休めたために、ちょっとでも焦げつかせてしまうと、完全な失敗だ。

焦げた匂いがまわって、なめらかさも失われ、料理といえないものになってしまうのである。

気温三十度を超す夏の暑さ。火のある厨房では、さらに気温が上がっていて、だんだん固まっていく真白い液体を掻きまわしつづける人のからだは、汗がとまらない。その汗を拭くことさえできないで、無言の行がつづく。

火にかけて、はじめのうちは、掻きまわすのも容易であるが、固まるにつれて、掻きまわす手に対する抵抗は強くなるばかりだ。疲れを感じるころになって、ますます力を入れなければならなくなるのだから、体力の勝負になる。

鍋の中にある純白のドロドロに過不足なく火が通ったのを見きわめて、長方形の型に流しこみ、冷やし固めて、できあがりだ。

できあがったら、包丁を入れて四角に切り分ける。

日本料理店で「胡麻どうふ」を食べさせられることがよくあり、「地豆どうふ」と同じつくりかたであろうと思うので、板前さんの苦労を察したりするのだが、時には口に入れたとたんに顔をしかめざるをえないこともあった。

二つの料理をくらべてみると、同種とはいえ、性格はまるで違う。「胡麻どうふ」は黒ずんだ色で、味と香りが、舌にからみついてくる。そこに胡麻のしつっこさを感じるのだが、「地豆どうふ」は、不思議なほどあぶらっこくない。

さらに色の白さときたら、料理されたものの中で、かくも純白な品はないはずだ、といいたいくらいであり、箸で切ろうとすれば、「胡麻どうふ」よりネッチリとして餅みたいだ。よく仕上げられた「地豆どうふ」ほどネッチリの度合いが強く、これを薄味のタレにつけて食べると、なめらかな舌ざわりは、ほかに類がないのである。

味について語るなら、なめらかな舌ざわりとともに、ハナへ抜ける「地豆」の香りが、まさに値打ちもの。この香りは、ナマの地豆にこもるさわやかさが特徴で、「地豆どうふ」をおいしいと感じるのは、なめらかさと香りが舌を通りすぎていく時だ。真白くて軽い風味をつくりだすために、一人の人間がくたびれはてるまではたらくというのは割にあわないようだが、優雅な料理は、やはりはげしい労働から生まれるといえるのではないか。

若いころから料理が上手で、「地豆どうふ」を得意とした婦人を、わたしは知っている。軽やかな風味が「地豆どうふ」の値打ちだ、とわたしがさとったのも、実をいうと、彼女の手製を味わった時だった。若いころは軽妙な味を楽しむことができなかったのに、四十歳を越すと、味覚が成熟するのか、ようやく優雅を味わえるようになっていたらしい。

その婦人は五十歳を過ぎてから、体力の衰えを感じ、「地豆」をすったあとは肩がこって、とても苦しくなるといいながらも、決していいかげんな仕事をしなかったのである。

健康に生まれついた不幸は、身を惜しまずに、体力を使ってしまうということにあった。

ある時、わたしの友人が、せっせとすりこ木を使っている彼女の難儀そうな様子を見て「オバさん、今はミキサーという便利な台所道具が現れているんですよ。この道具は、果物をジュースにするためによく使われていますが、大豆でも地豆でも、水にふやかしておけば、造作なくドロドロにしてしまいますよ。それを使ってごらんなさい」

といって、ミキサーをプレゼントしたのである。

婦人は使うのをイヤがった。自分はなめらかな「地豆どうふ」をつくるために、自分のからだを励ましている。電気仕掛けで動く道具を使って、カンタンにすりつぶした「地豆」が、おいしい豆腐になるはずはない、というのが彼女の考えだった。

たしかに、たゆまぬ努力の結晶として、おいしい「地豆どうふ」をつくってきたことに誇りがあったのである。

だが、わたしの友人は、あなたを長生きさせるためだ。ぜひ試してごらんよ。うまい豆腐ができなくても、もともとではありませんか。失敗なら、今までやってきたとおりのことをすればいいでしょうと、ミキサーの動かしかたを教え、ムリに試させたのである。信じかねている婦人は、しぶしぶいわれるとおりにした。

　すると、婦人は、自分の誇りにかけて、電気器具が失敗することを予期し、かつ心ひそかに望んでいたらしいのに、ミキサーでつぶした「地豆」が、手ですったのと変わりのない完全な豆腐に仕上がったのである。

　どうしたことか、と信じかねていたが、二度、三度と同じことをやってみると、信じるほかはない。その度に、できあがったのを食べてみて、彼女は考えこんだ。

「若いうちから難儀して、自分の腕をコキ使ったのが口惜しいよ。今までつづけた苦労が、アッサリと電気仕掛けに追い越されるなんて、こんなことがあっていいのかね。いったいわたしの難儀は何だったんだろう」

　と婦人は述懐している。

豚あぶらに幸あり

あぶら壺がカラになろうとするころ、わたしの母は、那覇の東町市場へ出かけて、豚の白いあぶら身を、たくさん買ってきた。

もちろんあぶらをとるためで、日々の食事をつくるのに必要なあぶらを切らしてはならなかったからである。

たまたま雨降りの日だったりすると、外へ遊びにいけないわたしは、母が台所ですることをながめていたりした。

どこの家も同じだったとはいえないが、ついでなので、台所の様子を思いだしながら記しておくと、わたしの家では台所西側の壁にくっつけて、煉瓦を積み、漆喰で塗り固めたかまどを三つならべ、燃やす薪のケムリを出す穴が煙突に通じるという形になっていたのである。

ケムリを出す窓さえないため、煮炊きしている間、台所がくすぶっているという家も多かったし、それにくらべると、大正時代の終わりごろに、わたしの父が、稼ぎ溜めたカネで建てた、裏座敷や納戸をふくめて五部屋もある住み家の台所は上等だったといえるだろう。

かまどの上には、火の神（ひぬかん）をまつってあった。火の神への信仰は、どこの家でも深く、たとえば貸し家住いの家族が、引越しをするということになると、家財道具を運ぶ人々の先頭に、火の神とご先祖の位牌を立てて、新しい住いへ向かったものである。なお分家して一家健在だと、まだ位牌はないのだが、火の神をまつらない家は、夫婦ふたりだけの暮らしであろうと、一軒もなかったわけで、さらに火の神とともに、必ず塩と味噌とが一家の引越しを象徴するかのように、運ばれていった。一家の生命を支えるものとして、塩と味噌とに、うやまいの心を持っていた証拠である。

また一日と十五日（旧暦）には、火の神とご先祖の霊前に、「うぶく」を供えることも忘れない。「うぶく」というのは、小づくりのお茶を飲むのに使う碗に盛ったご飯のことで、ただ盛りあげるのではなく、しゃもじで真ん中を高くし、ぐるりを軽くなでつけて、形をととのえた。

かまどの上には棚をつくって、薪を積む。棚に幾つかの太い釘を打ちこんであって、手のついている鍋をかけたり、あぶら壺を下げておくといったぐあいである。

かまどの前は板の間だが、戸口近くは土間になっていて、すぐ外に井戸があり、洗いものをするのに便利だった。

さて、白いあぶら身のカタマリ幾つかを買ってきた母は、角切りにして、鍋に入れ、かまどの火にかける。

あぶらとしては背あぶらがいいとされているが、腹のあぶらを使う場合は、おいしいカスがたくさんとれるので、どっちがいいともいえなかった。

火を弱くしたままで、白身からあぶらが溶け出るのを待つのだが、純白のキレイなあぶらをとるには、溶けるにつれてすくい、器に入れるのがいいそうで、とにかく、長い間に、白身からあぶらが出つくして、小さなカスが浮く。

このカスが実はおいしいのである。母は、カスを皿にとって、塩をふりかけ、

「食べなさい」

と、わたしにすすめる。天ぷらのような色になっているカスは、表面がカリカリ、なかはジットリの、舌を焼きそうなくらいに熱いのだが、ほのかに残っているあぶらに味があった。熱いうちこそ、おいしくもあったのである。

あぶら壺に注ぎこまれた豚あぶらは、冷めて真白くなったのだが、たくさんとれるカスも、しまっておくと、いろいろに使えた。

最高のいい使いかたは、おからを炒める時の取りあわせにすることで、タダみたいなおからが、カスのおかげで味のいい食べものになったのである。

ところでおからの使いかたに貧富の差がよく現れ、貧しい暮らしの家では、このしぼりカスであるおからを雑炊に入れたりした。米を減らして雑炊の量をふやそうためである。ザラザラして味のないおからが混ざっている雑炊は、ノドに通りにくい。

このザラザラしているおからを、おいしい料理にするため、母はタップリと豚あぶらを使って炒め、刻んだ木くらげ、モヤシなどといっしょに、例のあぶらカスを取りあわせた。

おからは、タップリ使ったあぶらを吸って、シットリとなり、カスの風味が添えられて、いささかゼイタクな料理になったのである。

そういうおからの炒めものを、沖縄の言葉では、「うからいりち」といい、「いりち」は炒めもののことだが、首里と那覇では、かなりの違いがあった。

首里は、没落した士族が住むところ、すでに「旧跡」というしかなくなった王城のそば近くで、昔の身分をしのびながら貧窮の現在を生きている士族の多くは、粗餐の日々である。

那覇は商工の街として発達し、首里にくらべると、ゼイタクを知る階層の人が多く住んでいた。

したがって、首里士族の家でつくられる「うからいりち」は、あぶらも倹約され、モヤシと木くらげはたくさん取りあわされているものの、パサパサして、味気のない食べものとなっていることが多かったのである。

モヤシは値段が安くて、木くらげはタダみたいなものだ。というのは、庭に枯れ木があると、自然に木くらげが生える。せんたく物を干すのに使うため、森で切ってきた細い木を二つ地面に立て、木と木に棹をさし渡しておく家があって、この木にも木くらげが無数につく。食べても食べても、つきることがなかった。

一方、那覇では、惜しみなくあぶらを使うし、あぶらのカスばかりか、豚肉を取りあわせる。むしろカスを混ぜると、料理としての格が下がるというので、主に上等な肉を入れた。これを自慢料理として、主人といっしょに酒を飲む友人たちにもてなす妻女もいたのである。

かくて単なる「うからいりち」といいながら、味の違いに浮世の盛衰をアリアリと、わたしはみた。

それはともかく、豚のあぶらが、いかに沖縄の料理をおいしくするのに役立ったか、それだけはいつも壺に満たしておきたいと思っていた母の気持ちが、今はなつかしく思いだされる。

うからいりち

美味なるらふてえ

「らふてえ」の語源をわたしは知らない。

近世の沖縄で、美食家としても有名だった尚順《しょうじゅん》男爵は、「松山御殿」（まちやまうどぅん）と尊称されていて、首里の桃原《とうばる》に邸宅を構え、世界の国々から沖縄で栽培できる果実の木を取り寄せて邸内に植えていた。沖縄でマスクメロンやハネデューメロンを育てた最初の人ではないかと思うのだが、その農園を見学にくる人たちのために、ささやかな売店があり、ここでわたしは、土産用につくられた「らふてえ」を買ったことがある。

貯蔵できるようにカン詰となっていて、「らふたい煮」と記されていた。

たとえば古典演劇である「組踊」（くみおどり）の脚本や琉歌（和歌に対して、沖縄で生まれた短歌を琉歌という）などは、漢字まじりの仮名書きで今に伝わっているが、文字による表記を口で発声する場合、つまり表音は、いささか違うことがあり、だから「らふたい」は表記で、「らふてえ」は表音なのであろう。

いずれにしても「らふてえ」は、琉球料理を代表する一つだ、とわたしは思っている。

もともとは家庭料理で、貯蔵に適しているため、わたしの母はよくつくっていた。母が「らふてえ」をつくるのに使っていたのは、たしかな記憶ではないが、豚のもも肉だったように思う。

市場へ出かけて、もも肉のカタマリを二つ、三つ仕入れてくると、七輪に炭火をおこす。皮を下にして金網にのせ、火にかけるのは、皮を軽く焦がすためである。

あのころの沖縄で飼育されているのは、黒い毛の豚ばかりだった。体毛の白い豚を見たことのないわたしは、豚は黒いものと思っていたのである。沖縄からよその土地へいって、白豚を見たコドモが、あれも豚だと教えられ、豚のお婆さんですね、と珍しがったそうだ。

豚は人に食べられる運命で、白髪になるまで生きていられない。それで爺さん婆さん豚が沖縄にはいないのだろう、とこの子は思ったのではないか。

実はわたしも、東京での生活をはじめたころ、白い豚を見て気味悪さを感じたのである。黒かるべき生きものが白くてブヨブヨしているのだから病んでいるみたいで、イヤな感じだった。といって豚肉が何より好きなわたしとしては、あきらめることもできない。ところが、郷里にはなかった洋食屋といわれる店で、ポークソティを食べたら、黒豚と異なる生臭さがプーンとハナにくる。この匂いが病んでいるみたいな体毛の白さを連想させた。おかげで長い間、わたしは白豚の肉になじめなかったのである。

同郷の友人たちと会って、ふる里と違う東京の食事に対する不満を話しあう場合、必ず「ここの豚肉はヘンな匂いがするね」ということで一致した。

育ちざかりのわたしたちにとって、最高の美味であった当時の黒豚は、今どきの白豚が人工飼料を餌として、ダラシなくブヨブヨ肥っているのにくらべると、小柄で引締まったからだつきだったことを思いだす。

市場の肉売場に出ている豚の皮つき肉は、もう黒い毛のほとんどを除かれて、表皮がキレイになっているものの、やはり毛根が残っている。皮を火で焙るのは、毛根を除くためで、母は、皮が軽く焦げると、井戸端に持っていき、包丁で表皮をけずった。毛根がすっかり除かれるまでの念入りな仕事だったのである。

あと、ていねいに洗ってから、角切りにして、鍋に入れ、かまどの火にかけた。火は強くしないで時間をかける。そのうちに、皮と肉との間にあるあぶら身からあぶらが溶けだして、やがてあぶらの中で肉が煮られているという状態になった。ころあいをみて、石ころのように硬い氷砂糖を入れる。氷砂糖がだんだん溶けるにつれて、甘味が肉に浸透していく。ふつうの粉砂糖だと、いっぺんに溶けるので、甘味が肉にしみていかない、と母は語っていた。さらにゆっくりと煮て、醤油で味つけする。

できあがるまでに半日がかりで、しかもかまどの火を弱いままに保たなければならないので、目を離せない。「らふてえ」をつくりだすと、母はほかの仕事をやめていた。

その晩のおかずは、もちろん「らふてえ」である。皮は餅のようにネチッとやわらかく、歯で肉を嚙むと、特有の香り——ほかのどの肉にもない香りがあった。この香りが、わたしの記憶に今も濃く残っている。

東京に出てきて食べた豚肉には、全然ない香りなのであり、ほかならぬ沖縄で現在飼育されている豚にさえ、もうあの香りはなくなってしまった。

夕飯のおかずにする分だけ、できたての「らふてえ」を取ったあと、鍋は薪棚の下にぶらさげておかれたのだが、だんだん冷えてくると、鍋いっぱい真白くなる。

真白いあぶらの中に閉じこめられた「らふてえ」は、腐るということがなかった。使う時は、あぶらの中から掘りだすのである。つまみだしたのを温めておかずにすることもあったし、薄く切って、ほうれん草とともに炒めるなど、「らふてえ」があるうちの食事は、たいへん楽しいものだった。

どうやら、沖縄の人たちは、豚あぶらが食品の腐敗を防ぐために役立つということも知っていたようで、一例をあげると――。

祝いごとがあって、たくさんのもてなし料理を用意する場合、第一に欠かせないかまぼこは、前日か前々日につくっておかなければならない。

しかし、あいにく海が時化て、漁師が魚をとりにいけなかったら、かんじんの材料が手に入らないということになってしまう。そしてもっともつごうのいいのは、ちょうど魚がよくとれたため、値段も安くなっている日に仕入れること。

いろいろ考えあわせて仕入れるのだから、どうしても祝いの二、三日前にかまぼこをつくっておくということが多かったのである。

すると困ったことに、高温で湿気の多い沖縄では、物が腐りやすく、冷蔵庫をそなえる家もほとんどなかったので、かまぼこをもたせることができない。こういう時、いつ誰が思いついたか知らないが、つくったかまぼこを豚あぶらの中に閉じこめておいたらしい。おかげで祝いの当日に、つくりたてのようなかまぼこで、客をもてなすことができたそうだ。

フランス人が創造した最高の美味だ、とわたしが思っている「フォアグラのテリーヌ」は、外側を豚のあぶら、すなわちラードで包まれるという形で売られている。なぜラードで包むのか、とわたしは意味を解しかねていたが、豚あぶらに閉じこめてかまぼこを保存したという話を聞き、一方「らふてえ」がナガモチしたことと思いあわせて、ようやくなっとくした。

食べものが腐るのを防ぐために豚あぶらを使うということで、フランスと沖縄の知恵が共通しているのはおもしろい。沖縄の場合、これも中国に学んでのことなのか、どうか、わたしは知らないのだが――。

さて、家庭料理としての「らふてえ」は、以上のとおりであるが、わたしの妹である登美は、「美栄」という名の琉球料理店をひらくに当って、この家庭料理を料理店の料理らしくつくりかえたのである。

どう変えたかというと、母がやっていたのと違って、まず皮つきの豚肉をかたまりのままで茹でることからはじまったように思う。

茹でたのを一センチ半くらいの厚さに切っておき、厚手の鍋に、少量の「泡盛」、醤油、砂糖（または水飴）を入れて煮立ててから、肉を入れ、弱火で二、三時間煮こむ。

厚手の鍋を使うこと、調味料に「泡盛」を加えることなどで、「らふてえ」をトロリとしたやわらかさに仕あげることができるようで、こうして「らふてえ」は、家庭料理の場合といささかオモムキの異なる料理に昇格した。

かつて母たちの流儀でつくられていた「らふてえ」は、噛みごたえがあるていどの堅さがあったのにくらべ、妹のくふうで新しい料理になった「らふてえ」は、皮を噛むための歯が必要ないくらいで、肉もやわらかくなっている。

醤油の半量を「淡口」にすることで、皮は飴色にツヤが出て、肉も見栄えよくなった。家庭料理の「らふてえ」が味本位だったのに対して、妹創案の「らふてえ」は、おいしさをそのままに、色の美しさと食べやすさを加えて、料理店のもてなし料理にふさわしい品格を与えたといえるだろう。

登美は女学校に通う年ごろになると、母の手伝いをしながら、料理について学び、戦後の沖縄で医師の妻になったが、間もなく夫と死別するという悲運に耐えて、自分の生きる道として料理店を発想したのである。

この時、献立の中心となる料理として「らふてえ」を選んだのであるが、母から学んだことに自分のくふうを加えて、料理の品位を高めたのは、大手柄だった、とわたしは、自分の妹ながら敬意を表したいのである。

妹の「らふてえ」がいつしかひろまって、近ごろは「美栄」風を昔ながらの「らふてえ」と思っている人が多い。

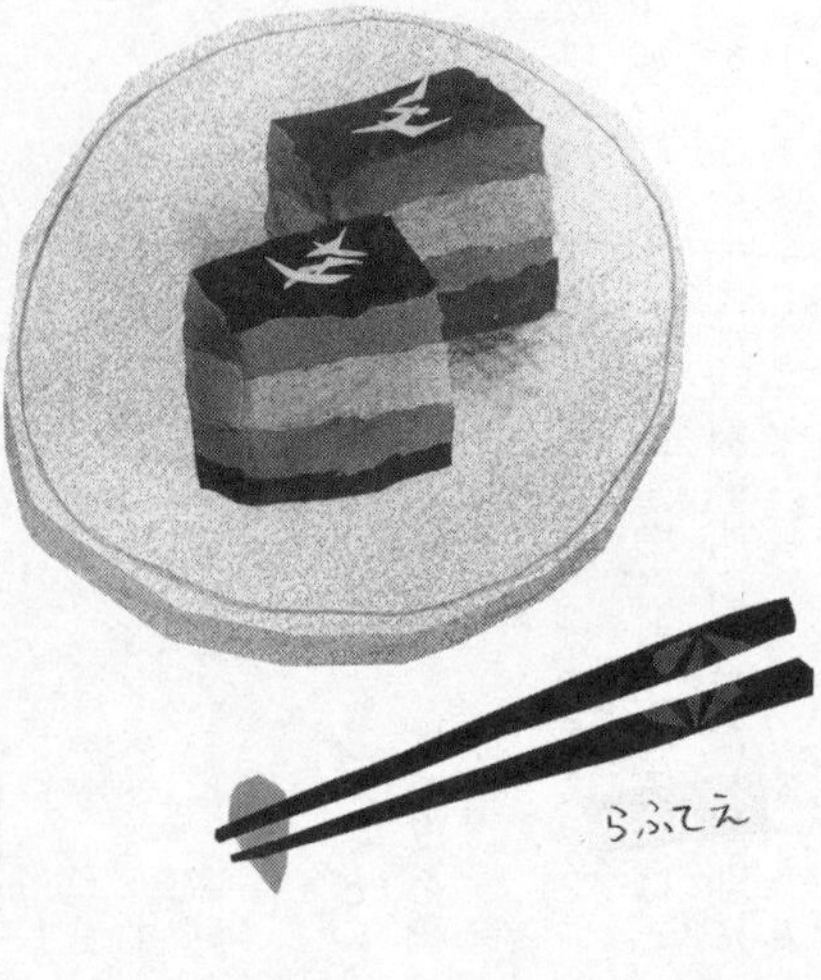

古酒一献頂戴仕る

　信じられないことかもしれないが、那覇の「辻」という色町の、昔は「めえぬもう」と呼ばれ、昭和年代に入って花崎通りと名を改められた通りの片側に、色町と向かいあうようにして並ぶ料亭では、客が沖縄の地酒である「泡盛」を飲む限り、酒代を頂戴しないことになっていた。

　つまりいただくのは料理の代金だけで、酒はタダなのである。しかも限度がなくて、幾らでも飲んでもらう仕組みだ。「泡盛」は店のオゴリというわけである。

「沖縄日報」という地元の新聞社で、わたしが記者を勤めるようになったのは昭和六年で、当時酒代の請求がなかったし、そういう習慣は、古くからつづいていたのだろう。わたしは昭和十五年に郷里を離れて、東京へ出たのだが、このころまで、やはり酒はタダだった。

料理の値段は、ふつう一人一円。三円ともなれば、料理を盛った椀や皿が、足つきの塗り膳に幾つもならぶというにぎやかさで、最高五円なら、膳が三度かわる。酒豪ばかりがそろっている席で、たちまち酒器がカラになっても、続々とおかわりが運ばれてくるから、ついには酔いつぶれる人もいた。いっこうにつぶれる様子のない客が、深夜になってフラフラと起《た》ちあがるまで、酒の切れることはない。

酒飲みにとっては、まことによき時代だったが、一円の料理で水でもさしあげるように酒をだして、ソンをしなかったかどうか。ソンをしないから、飲んでもらったはずだと思うが、とにかく料理店もコセコセしないで商売していたのは事実である。ふたたびいうと、まことによき時代だった。

思うに、料亭がかくも気前のいい商売をしていたのは、「泡盛」が安かったからにちがいない。

「泡盛」は強い酒である。盃に注いで、マッチの火を近づけると、青い炎をあげて燃えるほど、アルコールの度合いが高かった。わたしの父は、たぶん日本酒を飲ませると、一升くらいなら軽く飲んだと思われるが、「泡盛」だと、五、六合どまりだったのである。たいていの人は、一合そこそこで、満足しただろう。

一合の値段は、わたしの記憶によると、十銭だったか。料亭では水のように扱われる「泡盛」の一合を買いかねて、一合の半分をカケで売ってくれ、と小売店のおかみさんにアタマを下げる男もいた。世間は皮肉にできている。

それはともかく値段のゆえに、「泡盛」は安酒とみなされ、また沖縄が芋の本場であったことから、原料は芋ですかなどという人もいたが、先入観なしに味を試した、酒の味がわかる味覚の持ち主は、必ず「うまい酒だ」と値打ちを認めていた。

日本のネバリ気の強い米では、いい「泡盛」がつくれないようで、タイ国産の米を使うことが多い。おもしろいことに、タイへいき、あちこち旅行して地酒を飲んだ人が、「泡盛」とそっくりの味に出合いました、と語っていたが、昔の琉球国は中国をはじめ東南アジア諸国との交流があって、主に中国からたくさんのことを学んだのに、酒はタイの影響で生まれたのだろうか。

いずれにしても、蒸された米を醱酵させるのは黒麴菌《くろこうじ》で、生じたアルコールを蒸溜したのが、要するに「泡盛」である。

味が練れて、おいしくなるのは少なくとも五、六年を経てからだ。さらに二十年、五十年と経つにつれ、貴重な酒になる。それがいわゆる沖縄の古酒《くうす》だった。

酒の好きな男たちの多くは、五、六年を経たころの「泡盛」に満足していて、酒を古ませるにもっとも適している南蛮がめに貯蔵していたが、わたしの父も、陽が当ることのない押入れの暗いところに、秘蔵のかめを据え、折にふれて、汲みだしていたのである。

水のいい土地でつくられた「泡盛」が特においしいとされ、湧き水のうまい首里の「三箇《さんか》」といわれる町は、条件がそろっているため、酒造家が集まっていた。

家々によって、つくる酒の微妙な違いを生じるようだが、「三箇」の酒には辛口が多くて、男性的な迫力があり、一方山紫水明の村で、美女を生むことでも知られていた北部の今帰仁（なきじん）村でつくられた酒に、わたしは、さわやかな甘さを感じたりするのである。

一般的にいって、良質の「泡盛」は、口にふくんだとたん、舌に涼感をともなう刺激が走り、刺激が過ぎたあとに甘さがよみがえるなど、そのへんに特徴がある、とわたしは思う。

ところで古酒は、酒好きのあこがれであった。わたしは古酒が貯蔵されているのを実際に見ないで話に聞いただけだし、その話というのも、誰かに聞いたのを見てきたように物語るといった調子だったため、今では伝説に近くなっているが、首里・那覇の旧家、名家で秘蔵されていたのはたしかである。というのは、わたしが自身がもてなされたこともあったからだ。

貯蔵の方法はといえば、もちろん話に聞いたことだが——かりに百年を経た古酒があるとしよう。暗くて冷気のある場所がいいとされていたので、床下がもっとも適していたらしく、そこに百年酒で満たされたかめ、隣りに八十年酒、五十年酒、二十年酒といったぐあいにならべる。

おそらく最高の賓客には百年酒を汲んでもてなすとか、いろいろと使い分けされたであろうが、百年酒のかめから汲みあげると、汲みあげただけの量を八十年酒からとって補い、八十年酒のかめには五十年酒を足し、五十年酒には二十年酒から——という順序で埋め、かねて用意してあった酒を二十年酒のかめに注ぐ、こうして古酒は減ることがない。

つごうがいいことに、古い酒はそれより新しい酒を同化してしまう。したがってかめを満たしている酒の味は、百年なら百年のまま、なんの変化もないそうだ。

王家の直系である尚家には、以上のような仕組みで百年の酒が秘蔵されているなどと話す人がいたりして、古酒のことになると、男たちの目が輝いたことを思いだす。

琉球最後の国王となった尚泰《しょうたい》侯の第三王子である尚順男爵は、名だたる美食家だった。地元の新聞社に勤めていたわたしは、男爵を訪問してお話を聞くことがあり、二度ほど酒食をいただいている。

さすがにすばらしい料理で、豚のロース肉に鶏卵をからめて揚げたうえ、ダシ汁に浸したのではないかと思われる逸品をはじめ、すべてが軽やかな味だった。

上流の料理は、味を軽くすることに特徴があるらしい、とわたしはさとったのである。のちに数々の経験をして、美味とは、決して重たい圧迫を感じさせるものでないことを知っていくキッカケになったのだが――。

さて、お膳といっしょに召使いの女性が運んできた酒器を取りあげた男爵は、わたしをうながして、手もとの盃を持たせ、酒を注いで下さった。

白い盃に注がれた酒は、淡い黄色となっている。「泡盛」は水のように無色透明だのに、なぜこの酒は色づいているのだろう？　と疑問を感じてお尋ねすると、

「古酒です」

と男爵はおっしゃった。話にしか聞いたことのなかった古酒が、自分の指で支えられている盃の中にある、とわたしは貴重な酒でもてなされる自分の幸運を喜んだのである。

口にふくんで、すぐに感じたのは、水かと思われる清らかさだった。ホントに酒なのかと一瞬いぶかしむ。ところが口にふくんだものが舌にのって奥へと流れていく時、わたしの味覚神経が流れるものを包むようにとらえ、かつて口にしたいかなる酒

とも異なる風味に神秘を感じたのである。もちろん、それはわたしの知っている「泡盛」の味でなかった。

　ワインやコニャック、ブランデーあるいはウイスキーなどの古い味を、わたしは知っているのだが、こういった年を経ている酒に感じるのは、新酒のイヤ味が消えて、おいしさの純度がきわめて高くなっていること。女性にたとえるなら、色気の品位が高くなっていることを感じる。

　男爵がすすめて下さった古酒は、何年経ていたのか、ぶしつけに質問することを遠慮したので、とうとうわからないままであるが、察するに、少なくとも五十年以上の古さであっただろう。わたしが盃で受けた酒の味は、同じく人間にたとえるなら、枯淡の域に入っていたとでもいえばいいか。

　とっくに酒の味を超えてしまった、繰り返していうと、水のように清く、気高い風味だけを口に残す液体となっていたのだが、不思議にも酒としての性格は失われず、しばらくすると、いわゆる酒気がからだにまわりはじめた。

　いともやさしい酔いである。

　着ていらっしゃる着物の柄までは記憶にないが、袴をつけて正座なさっていた男爵の風貌を思いだすと、白髪、面長、鼻筋が通って、血色よく、特に唇が赤味をおびていた。俗気の多い方だったが、風貌は仙人を連想させたのである。そのせいで、わたしは、今自分のいただいている酒を、仙境でつくられたもののように思った。

やさしい酔いを感じたわたしは、重ねて盃に注いで下さることを期待したのだが、古酒のもてなしは一杯で終わり、男爵はご自分も盃を重ねようとなさらない。

余韻を感じながら、わたしは食事をいただいたのであるが、たまたま先輩たちが集まっている席で古酒の話が出た際、わたしが男爵邸でのことを語って、「もう一杯欲しかったですね」といったら、

「秘蔵されている古酒をいただけたというのが、たいへんなシアワセというもので、貴重な古酒は、一杯を味わえば十分だと思わなければならない。重ねて所望しないのが作法だよ」

と教えられたのである。

このあとわたしが古酒にめぐりあったのは、三十年くらいのちの、昭和四十年だった。

戦争が沖縄本島を廃墟にしたのが昭和二十年で、それから二十年経ち、久しぶりでわたしは郷里へ帰ったのである。

長い間、わたしが郷里へいけなかったのは、戦争が終わって五年後の昭和二十五

年、当時東京の毎日新聞社に勤めていたわたしが、よそからくる人をまったく受け入れない状態になっていたアメリカ軍支配下の沖縄へ密航し、監視をくぐって取材したためだった。未知のままとなっていた沖縄の様子を報道することはできたのだが、報道したことで、密航したことも明らかとなり、以来アメリカ軍当局は、旅行者を受け入れるようになっても、わたしに対しては、拒否していたのである。やっと郷里への旅ができたのは、琉球政府行政主席だった當間重剛《とうまじゆうごう》氏（故人）のはからいによることだった。

ずっと前から、わたしは當間氏を親しい先輩として尊敬していたのであるが、わたしのためにアメリカ軍当局とかけあって下さった當間氏は、わたしの帰郷を喜び、一夜、私邸に招かれたわたしと家内および母は、古酒をすすめられたのである。

徹底的に砲火を浴びて、家も林もすべて破壊され、焼けた土だけが残された島に、古酒があるとは信じられないことだった。

酒の入っているかめをかついで、修羅場を逃げることはできなかったはずだし、空から降る爆弾と海から撃ちこまれる艦砲の弾丸が、家々を木っ端微塵にしたのだから、どこかの邸に秘蔵されていた古酒もすべて吹っ飛んだと思われたのに、どうしてその酒が生き残れたのか。

たまには奇跡も起こるということであろう。床下に埋めておいたものが、戦火をくぐったのである。無事だった古酒の持ち主から、尊敬している當間氏への贈りものらしい。

この古酒が何年を経ているか、明らかでなかった。尚順男爵邸でいただいたのと同じように、薄く色づいていて、あの時を思いださせる味だったのである。

あの時欲しいと思ったおかわりに、三十年を経てありついたことになるだろう。

いつしか、荒廃していた沖縄が、以前と変わる街や村に復興し、つくられる「泡盛」の質がよくなっていくにつれ、吟味して選んだ酒を寝かせて、「古酒」に成熟させようとする好酒家も現れているようだ。

ほぼ二十年は経っているだろうと推定される「泡盛」の場合は、まだわたしが味わった古酒の色でなく、風味でもない。では、何年かかって神秘の酒と化すのか。

ホントの古酒になる日を待っている好酒家は、よほど長生きしなければならないだろう。

今は幻の五段料理

ご飯が出たら、酒も終わり、かくて饗宴はオヒラキになる——というのが日本のきまりだ。

酒好きによると、空いたお腹にこそ、酒の味がしみとおるというのである。だからいわゆる晩酌を楽しむ人は、小皿の料理を食べるともなくサカナにして飲み、ほどよく酔いがまわったころ、ご飯で終わりにするか、あるいはメシなどいらねェという人もすくなくない。

どうやら酒好きの人は、セッセと食べるヤツがかたわらにいると、自分までが満腹へせきたてられていると感じて、ニラミつけたくなるようだ。

だが沖縄では、飲みかたが変わっていて、まず腹ごしらえをしてから、酒をはじめるのであり、そういう考えかたが、最高の正餐でもてなす場合にハッキリと現れていたのである。

かつてわたしが経験することのできた最高の正餐は「三献《さんこん》の料理」だった。「三献」とは、一の膳にはじまって三の膳におよぶ饗応を意味している。膳部はとりどりの味で、料理に現れた沖縄の文化を知るのに適した正餐だったといえるだろう。

当時のわたしは二十三歳くらいだった。こんな若さで、正餐の場に出られたのは、新聞記者だったからである。たしかな記憶ではないが、著名な考古学者が訪れたので、沖縄の文化を、もてなしの面でお見せするために、「三献の料理」による歓迎宴がひらかれたのであり、取材の必要から、わたしも末席にいた。

昭和八年か九年のことである。宴席が設けられたのは、那覇市の「辻」と呼ばれるところ、弦歌さんざめく色町と通りをへだてて軒をならべる料亭の中で、もっとも格式の高い「三杉楼《みすぎろう》」だった。「三杉楼」は、琉球料理の伝統を忠実に守っている店で、古くからのしきたりにも通じていたのである。

このころになると、宴会などに使われる料亭の料理には日本料理の影響が濃くなっていたのだが、その店にはまだ古式があった。

さて、主客が席につくと、すぐに供されたのは茶と菓子である。遠い時代から中国との縁が深かった沖縄の人たちは、好んで中国系の茶を飲んでいた。福建省の福州には、琉球王府から赴く使節たちのために琉球館が設けられていたそうで、のちに沖縄の茶商が館を借りて茶をつくるようになり、つくられた茶はもっぱら沖縄で売られる仕組みになっていた、とわたしは覚えている。とにかく沖縄の人たちは、中国系の茶を一口に「清明茶」（しいみいちゃ）と呼んでいたのだが、「三献の饗応」が「清明茶」ではじまったのは、いうまでもない。茶に添えられている菓子は「くずもち」（くじむちと発音する）だった。茶の一服で主客をくつろがせるという趣向である。

「くずもち」は、唐芋（甘藷）から取った真白い澱粉を水で溶き、砂糖（特に宮古島で製されるのをよしとした）を加えて炊く。型に入れて固まったのを角切りしてキナ粉をまぶすといったカンタンにできる菓子で、家々では、母親たちがコドモのために手づくりした。したがってその「くずもち」は、まったくの沖縄風菓子だといえるだろう。

軽く舌で溶け、かすかに残る砂糖の甘さを熱い「清明茶」で洗ったところに出たのは、汁ものを主とする一の膳である。

汁の一つは「そうめんの吸いもの」で、鰹節によるダシの味を幾口か楽しむだけの料理。もう一つの汁もの――沖縄言葉でいう「いなむどぅち」を字解きするなら「猪もどき」で、豚肉を白味噌仕立ての汁にこしらえてあるわけだ。

澄んでいる汁は、塗り椀に盛るのだが、味噌仕立ての場合だと、焼きものを用いるのが定めとなっている。白い脂身が目立つほどついている肉を使い、コンニャク、カマボコとともに薄い短冊切りにしたのが汁の中に盛りあがっている「いなむどぅち」のおいしさは、白味噌の甘さに脂身の風味を取りあわせることで生じるようだ。豚を貴重な食べものとするようになって何百年、豚肉のどこをどう使えばいいかということについての智恵をみがいてきた沖縄の人たちがつくりだした妙味ある料理の一つだ、といっていい。

汁もの二つの向こうについているのが沖縄風の「さしみ」で、白身魚のつくりに酢がかかっている。ナマを食べるより、酢のものにすれば、衛生的にも危くないし、味も救われるということで、沖縄的な「さしみ」が生まれたと思う。

料亭でも家庭でも「さしみ」に使われるのは、メバル、グルクンといった白身の魚だった。酢の作用で、薄づくりの表面が白くふやけてしまうのだが、コドモだったころのわたしは、酢で半煮えみたいになった白身に妙なおいしさを感じたのである。

後日の話になるが、世の中がひらけて冷蔵の設備もととのい、魚の鮮度を保つことが可能になると、智恵のある料理人は、古くからのしきたりによる沖縄風「さしみ」をつくる場合、魚を酢に浸しておくといったことをしないで、食膳に出す直前、ほんの少量の白糖をふりかけ、かつ酢を軽く注ぐようになった。鮮度のいい魚の味をころさずに、酢で食べるということである。少量の白糖は、味を補うためにちがいない。「いなむどぅち」のあとで、淡泊な白身の魚を酢で食べたわたしは、二の膳への食欲を高めたように、今も覚えているのだが――。

その膳が引かれて、つぎにさしだされた二の替わりは、いわばご飯のための膳だった。汁は「あしてぃびち」で、豚の角煮と地漬け、および「五盛」（いちむい、という）を配した膳なのである。酒はまだ出番でなかった。

「五盛」というのは、膳の飾りとでもいえばいいか。人参、苦菜、モヤシ、きくらげなど山の幸に、海の幸としてつのまたを加え、どれも細い糸切りにして、皿の中心から五つの方向へ放射するようにおき、中心に据えた輪切りの人参に黒木の葉を立てる。

ナマの野菜類なので食べられないのだが、色どりは美しい。海の幸、山の幸への感謝をこめた飾りものだ。

あの宴席を思いだして、今ごろ、わたしが気づいたのは、ご飯とともに食べる「あしてぃびち」には、大ぶりに切った大根を取りあわせてあるものの、青い野菜は何一つなく、せめて膳部をながめる目に、山と海との自然な色を味わってもらおうとする心づくしが、「五盛」になって現れているのではなかろうかということである。

それはともかく、「あしてぃびち」のとろけた皮と、皮の下で骨を包んでいる豊かなゼラチン質の白身を食べる時、わたしはいつも「あしてぃびち」を沖縄料理の傑作だと思う。ヨーロッパに旅して、わたしはミュンヘンでドイツ風の豚足料理を食べた。膝下からの足一本をあぶり焼きにするという無造作な料理で風味がなかったし、ついで豚足を材料とするフランス料理を味見したこともある。フランス風は酒を使って煮こむという念の入った料理だったけれど、皮とゼラチン質をおいしく食べさせる点で、わたしの味覚は沖縄風に勝星を与えるほうへ傾いた。

この「あしてぃびち」を沖縄の人たちが、あらゆる料理の上位におくのは、餅のようにネッチリとしているゼラチン質の舌ざわりや香りの持つ品よさなどに加えて、栄養価の高さによる。ゼラチン質を食べることが人間のからだを頑丈に保つうえで必要だ、と昔の人たちは知らなかったかもしれないが、沖縄では年寄りにすすめる料理の一つになっていたのである。

だいぶ歯が弱っている年寄りでも、ほとんど嚙む必要がないくらいとろけているゼラチン質の風味を楽しめるだろう。買ってきた足をあぶって毛根まで除くことからはじめる料理は、ずいぶん手間がかかるとはいえ、昔から年寄りをたいせつにする風習のあった沖縄では、家々の料理番である女性たちが難儀をいとわなかった。

ゼラチン質を怠らずに食べているおかげで、年をとっても足腰のシッカリしている人が多く、ひいては長い人生を送ることにもなったのである。

一方、白飯のおかずとして食べるのに適した「角煮」は、ほどなくはじまる酒への備えでもあるとみていいだろう。

味の深さと豊かさをいうなら、「角煮」は抜群だ。皮は飴色につやつやとし、その下に脂身の層と、赤い肉がタップリの角切りは、味の総合体なのである。箸ではさみ切った一片を口に入れると、トロリとなっている皮の歯ざわりと脂身の香り、肉の味とが、妙なる調和の三重奏となって、味覚神経を酔わせるという料理だ。

材料に使われている豚肉が上等であったかどうかは、その「角煮」と、三の膳に出る「らふてえ」にアリアリと現れる。

こうして豚からの贈りものである「あしてぃびち」と「角煮」で白飯を食べ、地漬けを嚙んでいると、三の膳がきた。沖縄の漬けものといえば、大根、キウリなどを、土地の産物である黒砂糖で漬けたものが多い。いつしか黒砂糖は醱酵してアルコールに変わり、南国的な漬けものになる。といって、もともと沖縄には、食事の時に漬けものを食べる習慣はなく、お茶菓子のかわりだった。二の膳の地漬けは、三の膳へのつなぎに、口を遊ばせるためといえばいいか。

いよいよ三の膳にいたって、ついに酒の登場である。酒は沖縄の地酒である「泡盛」だ。

ところで、ご飯をすましたあとなので、三の膳は、酒を飲みながらゆっくりと、遊び気分で食べることになる。膳部は九品で——。

なかみの吸いもの、耳皮（みみがあ）さしみ、どぅるわかし、みそ菜ぅさち、昆布（くーぶ）いりち、うからいりち、らふてえ、十六寸豆（とろくす豆）、地豆（ぢいまあみ）どうふ——など。

九品のなかで、「なかみの吸いもの」は、「あしてぃびち」と「角煮」ならびにこれと同工異曲の料理である「らふてえ」とあわせて、琉球料理の三本柱というべき秀作だ。豚の胃と腸とを材料とする吸いもので、使われる材料の格がほかの材料より下がるだけに、品のよい料理に仕上げて、格調高い吸いものにしてあるかどうかで料理人のセンスを知ることができると、わたしは思っている。

すなわち食べる側をして、「なかみの吸いもの」に格調の高さと美味とを感じさせる料理人は、誇りをもって琉球料理をこしらえているとみていい。

「なかみ」とは、内側にあるものという意味で、ここでは胃と腸をさす。材料のゆえに、清浄な食べものとするため、たいへんな労力が必要だ。胃と腸についている雑物を除き、薄皮をはぎとって、キレイな状態にしたうえ、匂いを消す方法としては豆腐のオカラにまぶし、九年母《くねんぼ》の葉とともに蒸す。その間水煮しては洗うなど、水を取りかえての揉み洗いは数十回におよぶ。

洗って刻んで、洗いなおすことを繰り返しているうちに、品格の高い吸いものの具になっていく。堅くて嚙むに嚙めない材料が、歯ごたえあるかなしかのやわらかさになってしまう。これも実は、老体の造血をうながす食べもので、香辛料として使われるのは「ふぃふぁち」といわれるつる草の実を干して粉にしたもの。

「耳皮さしみ」は、この名前から連想されるような耳の皮を使うのではない。耳の薄皮をはがすと現れる軟骨の酢のものである。酒の肴として申し分ない。飲む酒が「泡盛」である場合に、一段とおいしく食べられるのは、「どぅるわかし」であろう。田芋という水田でとれる濃い味の芋を蒸し煮してから、豚あぶらで炒めつぶし、つぶした豚肉、かまぼこなどとともに練りあげたのが「どぅるわかし」だ。

「みそ菜うさち」は、「みそ菜」と呼ばれる葉が大きい野菜の白和えで、「昆布いりち」は、昆布、肉、かまぼこの糸切りを炒めたもの。

「うからいりち」は、豆腐のオカラを炒めたもの。「いりち」は炒めることを意味している。白隠元《しろいんげん》と形が似て、二まわりほど大きい「十六寸豆」の甘煮もおいしく、「地豆どうふ」の風味は絶佳。

二の膳で腹ごしらえをしてからの酒なので、オヒラキという無粋なきまりはなく、遊びはエンエンとつづく。しかも「いなむどぅち」や「角煮」「どぅるわかし」「らふてえ」などのあぶらが、胃の腑を護るという状態になっているのだから、強烈な酒も身にこたえない。

遊びとなれば、時を忘れて心ゆくまで——という南国人の気質がつくった酒の飲みかただ、とわたしは思う。今は時間を忘れて、饗宴を楽しむほどノンキになっていられない世間となったので、早々にきまりをつけるようになっているが、昭和年代のはじめごろまでは、歌い、踊って、遊び疲れる深夜になると、「豚飯」(とぅんふぁん)、「菜飯」(せえふぁん)というダシ汁をかけて食べる米料理が供され、活気を盛り返して夜明け方までつづけたのである。

——以上が「三献の料理」をサカナにしての、わたしの雑談で、それが最高の饗応だと思っていたわたしは、もっと贅をつくしたもてなしとして、「五段の料理」があった、と聞き、それはどんな仕組みだったのだろう? と昔の献立に通じている人へ尋ねた。

那覇の旧家に生まれ、市長の職を経て、戦後は琉球政府行政主席を務めた當間重剛氏の夫人である信子さんが、「五段の料理」についてくわしく覚えている。當間さんの話によると、茶と菓子が供されて一の膳、二の膳までは「三献」と変わりはないけれど、三の膳との間に「東道盆」（とぅんだあぶん）と「大平」（おおひら）が出て、この時、酒器が添えられたそうだ。「東道盆」と「大平」によって、饗応の席は、はなやかに盛りあがったらしい。

「東道盆」に盛られる品は、「みぬだる」「昆布巻き」「魚（白身）の天ぷら」「花イカ」など、料理人の才覚によってきめられたという。「大平」には、魚のすり身に卵黄をあわせて、カステラ風にてんぴで焼いた「かすてらかまぼこ」、魚のすり身だけによる「白かまぼこ」「二色のししかまぼこ」「車えび」「筍」「山芋」「椎茸」「みつ葉」が量感あふれる形で盛りあげられる。「ししかまぼこ」というのは、赤い豚肉のすり身と白い魚のすり身を重ねてロールした蒸しかまぼこだ。凝り性の料理人が創案したにちがいないと思われるかまぼこである。

このあと三の膳へすすんで、飽食した客人たちに「しいくくびい」というタピオカの丸い小粒を薄い糖蜜に浮かして供することがあった。沖縄では「西国米」という字をあてていたが、台湾では「西谷米」と書く。台北のスーパーマーケットで、店員に向かい、「しいくびい」と沖縄風に発音したら、すぐ相手に通じてさしだされたのが「西谷米」だったのである。わたしは、どうということなく、わが郷里とのつながりを感じた。

そういえば、家庭料理の代表である「ちゃんぷる」に相当するのがインドネシアにあるという話を聞いたことがある。豚の伝来は中国からなのか、ベトナムあたりからなのか、定説はないようだが、琉球料理の全集といっていい「五段の料理」を見渡すと、日本、中国、東南アジアのどっちとも地理的に、心理的に近かった沖縄のありかたが、ここにアリアリ現れていると思わないではいられない。

昆布の料理からは、沖縄から日本へ送られた産物への支払いとして届く多量の昆布を、セッセと食べざるをえなくなった人たちの姿を想像できるだろう。

現在の沖縄は、人々が長生きすることで知られているが、食べものといかなる因果関係をなしているか、興味深いことだ。家々の料理番である女性たちが、当り前の務めとして手間のかかる料理をつくって家族に食べさせたことは、職業としての料理人がまるでいなかった沖縄で、料理の伝統を絶やさないという役割りまで果したのである。また長生きの基盤を彼女たちがつくったこともまちがいない。

思いだすと、料理上手の女は、親戚や知合いの家で何かの祝い事があると、招かれて膳部をととのえるためにはたらいていた。そういう場面での女たちは、イキイキとしていたのである。

近世では「どこそこのオバさん」と、料理上手なことで広く名を知られるようになった女も幾人かいたそうだ。名を伝え聞いた富裕な家から迎えがくる。豪華な祝い膳の献立、材料の買いだしから、ごちそうづくりまで頼まれて、台所の采配をふるったという。

この種の腕きき、もの知り女たちが、「五段の料理」を受けつぐなどして、料理における町の「無形文化財」となっていたらしい。

年うつり、世間が変わって、長夜の饗宴に散財することを愚のいたり、と人々が思うようになって「三献の料理」も「五段の料理」も、幻のごとくなりにけり――ということになった。

おめでたい揚げ物

「あんだぎい」は、あぶらで揚げたものという意味の言葉である。「あんだ」（あぶら）と「あぎい」（揚げたもの）がくっついて、「あんだぎい」になったのだろう。

これには二種類あって、一つは「白あんだぎい」、もう一つが「砂糖あんだぎい」だ。後者を沖縄風にいうと「さあたあ、あんだぎい」で、前者が「しるあんだぎい」となる。二つとも、祝いの席になくてはならないものだった。

どっちも主な材料は小麦粉で、味をよくするために鶏卵を加えるのだが、「しるあんだぎい」は塩味、「砂糖あんだぎい」は名のとおり、甘くする。

ふっくらとなるように、ふくらし粉も必要で、はじめに「砂糖あんだぎい」についていうと――小麦粉を水でとき、ドロッとさせてからの揚げかたがおもしろい。あぶらは天ぷらを揚げるときのように、たくさん使うのだが、上等な「あんだぎい」は豚あぶらでないとできないはずだ。

あぶらの温度が高くなったころ、ドロッとなっているのを、そろえた四本の指にすくいとり、あぶらの上に傾けると、指から流れ落ちようとするにつれ、水滴と同じように、やや球形となるだろう。球形になったのを見すまして、静かに、あぶらの中へ――ということになる。

これは大胆にやらないと、かえって危いそうだ。臆病だと、球形になったのを手から離す時にあぶらがハネてヤケドするのではないかとこわがって、高いところから落とす。すると必ずあぶらがハネて、アッチッチ――というのがイヤなら、四本の指ですくったのを下へ傾けながらあぶらスレスレに近づけ、球形となったとたんに親指の先で軽くはじき落とすのが、むしろ安全だという。

わたしの母は、何のおそれ気もなく、つぎつぎにすくって、あぶらに入れる手際がとてもよかったのである。「さあたあ、あんだぎい」を手早く揚げるようにならないと、嫁入りできない――と母たちは語っていた。

どこの家でも、何かにつけて揚げるから、やはり嫁にいく前、習いおぼえておかなければならないことだったのである。

しかし、カンタンにつくれる「さあたあ、あんだぎい」も、味をもっと複雑にしようというので、落花生をくだいて混ぜたりな山芋をすりおろして小麦粉とあわせるなど、だんだんゼイタクになると、指先に流して球形にすることがむずかしくなったらしい。

そこで近ごろは、小麦粉を耳たぶくらいの固さにとき、両手のてのひらで丸くつくるようになった。

いずれにしても、ころあいをみて、あぶらから引きあげられた球形には、割れ目ができて、食べやすい形になる。

食べての味はドーナツに似て、コドモたちの好きなものの一つだった。

「白あんだぎい」は、半分がふくらんで厚く、半分は薄いカリカリのセンベイみたいになっている。小麦粉を水でとき、鶏卵と塩少々、できればダシ汁を加えて、ドロリとなったのを玉杓子ですくい、鍋の傾斜面——あぶらの表面より上に流す。つまり底に向かってゆるやかな斜面のある鍋でないと、これは揚げられないのであるが、とにかくドロリとなっているのを斜面に流すと、だんだん下へ流れ寄って厚くなるのであり、もちろん上に薄くなる道理だ。やがて上にも下にも熱が通ると、自然に鍋の斜面から離れ、あぶらの中に入ってしまう。

こうして揚げられた「白あんだぎい」は、素朴な円形の半分が厚く、カリカリの薄いセンベイがつながっているというおもしろいカッコウになる。

甘いのと塩味のと、一対の「あんだぎい」が、表面を赤く染めたかまぼこや白身魚の天ぷら、三枚肉などとともに、大皿に盛られて、膳の左向こうにあるということで、お祝いらしくなったものだ。

どちらかといえば、わたしは「しるあんだぎい」が好きである。コドモのころは甘い「砂糖あんだぎい」へすぐに手をだしたのであるが、オトナの味覚を持ってから、豚あぶらで揚げられたために生じる風味に魅力を感じるようになった。あるかなきかの軽い塩味であるだけに、小麦粉と豚のあぶらが奏でる味を純粋に味わえる、といいたい。

ところで、「砂糖あんだぎい」も「白あんだぎい」も、つくる人のセンスで、大きさはいろいろ。卓球のタマくらいがシャレていると考える人がいるし、食べごたえがあるように大きくつくる人もいるのだが、超特大が必要となるのは、縁談がめでたくととのって、「うぶくい」と那覇の人たちがいう儀式をあげる時である。

「うぶくい」は結納に相当する儀式といえばいいか。昔から伝わる風習をよく知っている人によれば、「うぶくい」は婚礼の盃ごと以上に大事で、早い話が「うぶくい」さえすませば、事情によっては婚礼を略してもいいという。すなわち「うぶくい」

で、夫婦としての縁は定まるそうだ。

この「うぶくい」は、花婿の母親たちが花嫁の家を訪問して行われる。花婿側が持参するのは、「まぎ」といわれる円形の蓋がない赤塗りの大きな器二つに、それぞれ「さあたあ、あんだぎい」と「しるあんだぎい」を山盛りにした祝いの品である。

特に「あんだぎい」の大きさが無類で、たとえば「さあたあ、あんだぎい」は野球のタマほどであり、「白あんだぎい」も推して知るべしだ。かくも大きな「あんだぎい」の中心にまで完全に熱を通して揚げるには、熟練した技術が必要だそうで、近ごろは専門につくる商売人がいるらしい。

いわば「うぶくい」は、嫁にくることをこころよく承諾した娘の家へのお礼参りなのであり、めでたくすむと、両家では、一対ずつの「あんだぎい」を縁者に配る。縁組がすすんでいることを知らなかった家の人たちも、届けられた「あんだぎい」の大きさを見て、これはメデタイと、手を打って祝福した。

届けにいったのが気のきかないお使いさんで、口上もいわずにだまって立ち去ったとしても、「あんだぎい」がすべてを語ったのである。

だが、届けられた家では、喜んで受けると、すかさず「うぶくい」をなさったのはご子息ですか、ご息女ですか、ときく。息子のほうです、と答える場合なら、して嫁になるのはどこの人？　と重ねて尋ねた。

どこの町あるいは村の人と縁組みしたのかと相手の名をたしかめるのはあとまわしにしても、出身の土地をまず知りたがるのが、一般の習性だったのである。

かりに首里の人が同じところから嫁をもらうとすれば、順当な縁組だと思うようだったし、あまりにかけはなれていると、いぶかしく思ったりした。

また、ことのほか喜んで受けとったのは、まだ嫁の定まらない息子、嫁入り先のきまらない娘のいる家である。

うちの息子や娘も、いい縁組ができるよう、あやからせていただきます――ということになって、息子や娘に食べさせた。

いいことにあやかりたい気持ちが一般に強く、長寿の祝いがある家へ、招待されなくても参上して、自分も末長く生きられるように運をつけようとする人さえいたくらいである。

豚飯菜飯婚礼の夜

どの場合にもまして、男たちがハメをはずすのは、婚礼の夜であった。花婿をはじめ、彼の取り巻きとなっている友だち連中が、花嫁のことも忘れて、夜通し遊んだのである。

二十歳を過ぎて三十歳になるころまで、学校友だちがつぎつぎと嫁をもらう度、祝いの席へ招かれたから、わたしはずいぶん場数をふんでいるが、特におもしろい思いをするのは、花婿の家でひらかれる、沖縄の古いしきたりどおりの酒盛りに出席する時だった。

わたしが二十歳になったころは、昭和年代に入って数年も経っており、今と同じようように神宮で結婚式をあげ、ついで料亭での披露宴をひらくと、あとは若い夫婦だけの水入らずになるという形が増えていたけれど、古いしきたりもまだ残っていたのである。

古いしきたりでは、結婚の当日、お昼ごろに花婿が花嫁の家へいく。すると花嫁の家へたどりつくまでに、その家の周辺に住む若い衆が、通せんぼして花婿をいじめ、やっと花嫁の家にあがれば、こんどは意地悪をされるという段取りになっていた。

いじめられて、ホントに泣きそうな顔になる気の弱い花婿もいたらしい。とくに花嫁の家では、ご先祖を拝まされるのだが、線香をあげようとすれば、香炉の灰に皿が埋められていて、どうしても立てられない。出されたお膳の昆布煮しめをすすめられ、ありがたく頂戴すると生煮えなので噛み切れない——といったワルサをされたそうである。

奪いとられようとする娘を守るために争った昔むかしの風習だ、と物知りは説明していた。

冷や汗をかいた花婿さんが自分の家へ帰ると、もう祝い膳の用意は終わりに近づいている。沖縄の宴会は、招待状に記してある時刻より一時間以上もおくれてはじまるのが習いだったので、紋つきの羽織、袴という礼装の客が顔をそろえて居ならぶのは、日も暮れて八時ごろだっただろうか。

かくて花婿方の母親や親戚の婦人たちによる心づくしの料理でいっぱいの会席膳が

配られると、ではどうぞという家長の一言で宴ははじまった。

めでたい席ではもちろんのこと、めでたくない場合の饗応でも、吸い物は「中身」である。つまり「中身の吸い物」が出ていることで、饗応の格があがった。だから豚の胃と腸を仕入れて、すばらしい吸い物の具にするため、前日から二、三人がかりではたらいたにちがいないのである。

会席膳の料理は、祝いの場合だと「耳皮さしみ」を使わず、酢のものとしてキウリのなますを出したほか、たいていきまっていて、「昆布《くうぶ》いりち」「どぅるわかし」「田芋でんがく」、さらに「てぃびち」と「いなむどぅち」――といった品々に、お土産にする折詰がついた。

折詰になっているのは、三枚肉、かまぼこ、かすてらかまぼこ、天ぷら、花イカなどである。

料亭の大広間でひらかれる新型の披露宴では、ものものしく仲人のあいさつ、主賓の祝辞がナガナガと述べられ、その間に、吸い物は冷めていたが、古いしきたりによる家での宴は、気楽にはじまって、遊びのふんい気を盛りあげた。

床を背にして座っている花婿さんは、お客さんたちとの盃のやりとりで、だんだん酔ってくる。

客の中には、必ず「三線」（さんしん）を習い覚えている人がいたので、「今日のめでたさ」を祝う座びらきの歌一曲が奏されたあとは、にぎやかな歌と踊りになった。

やがて十二時ごろ、花嫁の入来である。

花嫁の家を出る行列には、二人のコドモが手提げ提灯を持って先頭に立つ。わたしもコドモのころに、何度か提灯持ちをさせられた。道中、決して提灯を持ちかえてはいけないよ、手から手へ持ちかえるのは縁起のいいことではないからね、と母に注意され、花婿の家まで右手に提げたままだったので、ホメられたことを覚えている。また行列の指図をするのは、紺地絣のうちかけを羽織った威厳のあるお婆さんで、花嫁が乗っている駕籠わきに若い衆が数人つき、さらに花嫁と親しいつきあいをしてきた女性たちがつづく。

夜ふけの町並みに、「どうどう」という若い衆のかけ声がひびき、目ざす花婿方の門口につくと、指図役のお婆さんが一際声高らかに到着を知らせた。

美しく沖縄風に髪を結いあげて、紺地絣のうちかけに一段としとやかさを感じさせる花嫁が、静々と駕籠を出て、今しがたまで遊びにネツをあげていた人たちの、居ずまいを改めてならぶ広間のまんなかに招じ入れられる。

いよいよ花婿との盃ごとだ。これを沖縄の言葉では「酒盛り」（さきむい）という。

「酒盛り」の最中、神妙にしている花嫁を笑わせてやろうというので、酔っぱらいたちが、いろいろと冗談をいいかわす。アガリ気味の花嫁は、ジョークを聞いても、ニコリともしないのである。

ごく上流の家では、「くるちょう」という麻の黒無地で仕立てた着物の二つある袖に、花婿花嫁がそれぞれ片手を通して、一つの着物に二人が包まれる形となっての「酒盛り」だったという話だ。

さて、「酒盛り」がすむと、花嫁はつき添いとともに裏座敷へひきとり、ここでおとなしく夜を明かす。

一方、宴席には、「豚飯」（とぅんふぁん）か「菜飯」（せえふぁん）が出る。

「豚飯」は、といだ米に、一度よく茹でてから細かく切った豚肉、かまぼこ、人参、椎茸などをあわせて釜に入れ、鰹節のダシ汁で炊いたもの。これを軽く黒塗りの椀に盛り、蓋をしておく。

その椀を宴席の片隅にたくさん用意して、まず一椀ずつを客に配り、蓋をとって汁を注ぐ仕組みだ。

一杯を食べ終わった客に、用意しておいた椀をさしあげ、汁を注ぐといったことで、温かいのを何杯でも食べてもらう。

わたしは、せっかく沖縄にきたものの、なじみのない琉球料理に手をだしかねている幾人もの旅行者に会ったが、試しに「豚飯」をすすめると、例外なく「おいしい」といい、それをキッカケに琉球料理の味に心をひらくことが多かったのである。

先年亡くなったわたしの妹は、炊きあげられる混ぜご飯とかけ汁の味つけが実に上手だった。母に教えられたのか、みずから会得したのか、混ぜご飯だけを食べてみると、薄味でありすぎ、汁だけを飲むと塩味がききすぎる。双方が椀の中で一体となるにおよび、さわやかなおいしさにまとまるということに、彼女のくふうがあった。

「菜飯」は、まず白いご飯を黒塗りの椀に盛る。ご飯の上に形よくならべるのは、軽く味つけした椎茸、人参、たか菜に薄焼き卵のせん切りである。

色どり美しく具をならべると蓋をして、「豚飯」と同じように客席へだし、鰹節ダシの汁をかけてすすめるのであり、汁の容器としては黒塗りの湯桶が用いられた。

ご飯ものとして、ほかに「鶏飯」（ちいふぁん）がある。「菜飯」の具に鶏肉の細くさいたものを加えて、とりスープか鰹節ダシの汁をかけると聞いたが、わたしはついに出合ったことがない。

ひとしきり座は静まって、「豚飯」か「菜飯」を食べるのにいそがしく、セッセと味わってお腹に入れると、あれほど飲んだ酒だのに、酔いもさめたここちになるようだった。ところがこれで宴が終わるのではないのである。もっと飲めるというので、ふたたび「泡盛」の入っている「酒ぢゅうかあ」(急須に似た酒器)が客人たちの手から手へ動きだす。歌と踊りも第二幕があいて、裏座敷に花嫁たちがいるのも忘れたかのように、さわぎだした。

果ては、友人一同が花婿をかつがんばかりにして、「辻」という色町へ繰りこむ。色町での夜遊びは男の習いであり、妻女たるもの、やいてはならぬ——という訓《おし》えを夫婦としての営みにさきがけて、嫁に思い知らせておかなければならなかったわけだ、とわたしの先輩が昂然と語っていたのを思い出す。

家庭で男が王になっていた時代の名残りだったのである。もちろん、惚れて嫁にきてもらった男は、結婚早々、新妻のゲキリンにふれてはたいへんなので、悪友どもの誘いに乗らず、酔いつぶれた仲間とともに雑魚寝で朝を迎えたのであるが——。

花嫁はどうしたかというと、夜明けとともに、つき添う友だちといっしょに実家へ引揚げた。

二日目を実家で休養し、三日目に花婿が迎えにくると、つれだって婚家へいき、ようやく夫婦としての夜を過ごすという、お待ち遠さま、とねぎらいたくなるようなしきたりだったのである。

黒砂糖で起死回生

その日、わたしの叔母は、三人の息子とともに、留守居していたそうである。沖縄の人たちにとって、終生忘れることのできない昭和十九年の十月十日、アメリカ機動艦隊による大規模な空襲があった日のことだ。

この叔母は、母の妹である。夫は那覇の泊という町でささやかな理髪店を営んでいて、男の子五人と娘一人を産んだのだが、夫と娘は沖縄守備軍に徴用されて作業にいき、長男も徴用されて九州へ、次男は勤めに出ていたという。

叔母の手もとにいるのは、まだ幼い子ばかりだった。アメリカ軍機の来襲を告げるサイレンは、ついに戦争が沖縄へおよんだことを知らせる合図だったことになるが、叔母は末の子をおんぶし、両手で二人の子をかばいながら、定められた防空壕へ走ったのである。

何に手間どったのか、アメリカ軍機が頭上に現れてから、防空壕に走りこんだ人がいて、空から見られたらしい。いきなり防空壕が爆弾の目標になった。さいわい叔母たちは手傷を受けなかったが、頭上の爆音が遠ざかったあと、外に出てみたら、すでに那覇全市は猛火に沈んでいたのである。

自分の家がどうなっているか、まだわからなかった。そこへ、守備軍のトラックがきて、民間人を国頭（くにがみ）へ避難させるから、すぐに乗れという命令である。北部の山へつれていかれるなら、家に貯えておいた米など、親子三人分の生命をつなぐ食べものをとってこなければ、と猶予を頼んだのだが、あちらには十分に食糧が確保されているので、何もかも捨てていっていい——と、せきたてられて、叔母たちはトラックに乗った。

三人の子を飢えさせないほどの食べものがホントにもらえるのだろうか、と不安になりつつも、強引な命令なので、しかたなく乗ったものの、国頭の人里に着いてから、果して叔母の苦難がはじまったのである。

おそらく那覇から送られてきたおびただしい避難民を迎える村にも、食糧はあまりなかったにちがいない。戦争は末期で、食糧の欠乏が深刻になっていた。

避難民がくることを予想しての貯蔵があったとは思えないのである。

したがって叔母たちに配給されたのは、一人に対して一日に一個ずつの小さいニギリメシだけだったという。腹がすかないわけはなく、三人の子は、アッという間に食べてしまうと、もっと欲しがる。叔母は自分の一個を三つに分けて、欲しがる子に与えた。

何か、ほかに食べるものが手に入るのではないか、と一人を背に、二人の子の手をひいた叔母の体力は、アテもなくさまよっているうち、自分はまったく食べていないのだから、みるみる衰えてくる。田の水だけを飲む日が、五日、六日と経つ。

そのころの記憶はハッキリしていないが、木の根元に座りこんでいる叔母は、背中に負っている子の重みも加わって、自分が地面の底へ沈んでいくように感じ、だんだん意識を失いかけていたそうである。

「両手は、二人の子をかかえていたよ。自分のからだがうつむいてきて、地面がかすんで見えなくなっていく。ここで自分は死ぬのかと思い、幼い子たちはどうなるのか、と考えもするが、からだがのめりこんでいくのをどうしようもなかった」

と叔母は語ったのだが、その時、「オバさん」と呼ぶ男の声が耳に入った。

通りかかったのは、やはり那覇から避難してきた人らしい。夫が理髪店を営んでいるので、調髪にくる客たちに、叔母も見覚えられていたようで、声をかけた男も客の一人だったのであろう。シッカリして下さい、オバさん、あなたが倒れたら、コドモたちが可哀そうなことになりますよ。と男はいいながら、手拭いに包んであったものを取りだして、叔母の口に入れたのである。

それは黒砂糖のひとカケラだった。燃える那覇から逃げだす時に、この人は、ありあわせの黒砂糖を手拭いにくるんで持ったのであろう。

沖縄の人たちは、疲労困憊《こんぱい》した時、黒砂糖が気つけ薬として何よりも役に立つことを知っている。彼は荷物にならない黒砂糖の一包みを持って走ったわけだ。

口に入れられた黒砂糖を、ほとんど無意識のうちにのみ下した叔母は、自分がよみがえっていくのをアリアリと感じた、と語っている。

こうしてようやく元気づいた叔母は、苦労を重ねて那覇へ戻ったのだが、さらにもう一つの悲惨を体験することになった。

年が明けて三月、アメリカ軍の上陸戦がはじまる。首里を中心とする日本軍の防衛線に対して、アメリカ上陸軍の攻撃が激烈となり、叔母夫婦は娘と男の子たちをつれて、南部へ難を避けた。次男は通信隊に召集されて、あえなく戦死するのだが、叔母たちにも皮肉な運命が待ち伏せていたのである。

砲撃と爆撃から、自分たちを守れそうな自然の壕を、逃げまわったあげくに見つけた叔母たちは、そこに身をひそめていた。

夫婦の生命にかえても、娘たちを助けようと考えた叔母と夫とは、娘たちを壕の奥深いところに座らせ、二人が入り口にいたそうである。たとえ間近で砲弾などが爆発し、破片が散り飛んでも、自分たちがタテとなって、コドモたちを守ろうと考えたのだが——。

突然、壕のそばで起こった爆発の衝撃がおさまり、土煙が消えた時に、壕の奥へ目を向けると、娘が倒れていた。抱き起こしたら、もう息がなかったのである。

破片は、入り口でタテとなっている夫婦の僅かなスキ間を飛び抜けて、奥にいる娘を即死させていた。

なんということだろうね、と今でも叔母は、何をうらんでいいかわからない思いとともにつぶやくことがある。

親思いだった娘と次男とを失ってからの叔母は、死んだ人のための最後の法事である三十五年忌をすますまで自分は死なない、とそれが生き残った親のつとめとして生きてきたようで、法事を営む日になると、緊張のあまり、倒れそうになったくらいだ。

そして時々、思いだしては、黒砂糖を自分の口に入れた人への恩義を語りつづける。まことに皮肉な運命に悲しんだ叔母にとって、惨苦をきわめた戦争の最中に、ただ一つの救いとなったのは、あのひとカケラの黒砂糖だったことになる。

七日ごとの涙料理

生まれてはじめて、わたしが悲しい思いをしたのは、末の妹が死んだ時である。

あのころは、せっかく生まれた子だのに、幼いままで終わるということが多かった。

わたしの家でも、一番目に生まれた男の子は名をつけられないうちに死んで、つぎに生まれたわたしと、二歳違いの妹がさわりなく成長したものの、あとに生まれた男の子は乳の味を覚えないで目をつぶり、末の妹は可愛いさかりに死んだのである。

母は、五人の子を産んで、三人を失い、子に死なれるつらさを骨身で感じたにちがいない。

末の妹は、兄のわたしが、きっと美人になる、とうれしくなるくらい可愛い顔を持って生まれていた。

那覇から出はずれた安里（あさと）というところで店あきないをしている母は、忙しいことが多く、すぐの妹はまだ幼くて心もとないと考えたのだろう。子守りの役は、いつもわたしがさせられる。

妹も、わたしになつき、どこへでもくっついてくるといった日々で、近所のワンパクどもと木登りなどして遊びたいのに、妹のめんどうをみさせられてそれができないということもあったけれど、いつしかわたしにとっての手放せない宝になっていた。

背中に眠らせたままで家に帰り、ソッと寝かしておいて、妹の体温で汗ビッショリになった背中を風にさらしながら、様子をうかがうと、ひたいに垂れているオカッパが汗に濡れ、目をつぶって軽い寝息を立てている顔がよけい可愛い。

可愛いなあ、としみじみ思って、寝顔を見つめていることもあったのである。

こうして、自分にとってなくてはならない宝と思っていたその妹が、ある朝から、わたしのそばには寝ないで、父と母のそばで看護されるようになり、あすは元気づいてわたしにすがりついてくるか、とあすはあすはがつづいてのち、ホントに死んでしまった。

父の泣く声を、わたしははじめて聞いた、と覚えている。泣きやまない母は、さらに哀れだった。特に、野辺送りにいく母のうしろ姿が、あまりにも悲惨で、いまだに忘れられない。

幼くして死んだ子だと、葬式をしないのが当時の風習で、親より先立つ子の不孝を恨むという気持ちの現れだったと思われる。父親はもちろん、男は野辺送りにいかなかった。母親が、死んだ子を着物にくるんで左手に抱き、右手にさした半びらきの傘で顔を隠すようにして、葬りにいったのである。

あの日、読経の声を聞いた覚えはないし、一人の会葬者もいなかった。

死児を抱いている母につき添ったのは、たしか母の妹である叔母と親戚の女性五、六人だったように思う。女性ばかりが、人目を避けるがごとく、母をかこんで出かけたのであるが、うしろ姿に深い悲しみが感じられたのである。墓までの一里あまり（ほぼ五キロ）を、裏道づたいに歩いていく母の足どりは、さぞ重かったであろう。

幼い子のための墓は、本家のお墓のわきに、にわかごしらえの簡素な、墓らしくないもので、日を経て墓参りにいったわたしの不憫に思う気持ちを誘った。

可愛く育っていくとばかり思っていた子に死なれたことが、よほど母にはこたえたらしい。わたしも日々の相手が突然いなくなって、ボンヤリと暮らす。どこを見ても可愛かった妹はいなくて、かわりに現れたのは、泣くことさえしない小さな白位牌なのである。

家族のみんなが無口になり、壁を背にして、首うなだれたまま、うずくまっている母の姿を見ることが多かったが、その母が、早くも初七日を迎えるということろ、肉と魚を買ってきた。ようやくからだを動かす気になったらしい。

買ってきた魚は、「グルクン」と呼ばれているタカサゴの一種で、沖縄の漁師が海でとる魚の中で一番おいしく、かまぼこの材料としても最高である。

「グルクン」を三枚におろすと、包丁の刃を立てて身をそぎとるということを繰り返していた母は、いつの間に仕入れてきたのか、小さな木臼に「グルクン」の身を入れ、黙々と杵でつく。沖縄の杵は、太い棒の中ほどをけずって細くした、月の兎が持っているのと同じつくりだ。左手で臼を押さえ、右手の杵で魚の身をついている母は、からだを動かすことで、悲しみをこらえているみたいである。つき終わると、形をこしらえて、蒸し器に入れた。

かまぼこができあがると、つぎは大きなかたまりの、皮がついている三枚肉を茹で、一センチくらいの厚さに切ったのを煮しめる。その間、水に浸けておいた長い昆布にたくさんの結び目をつくり、一つの結び目を中心に切り分けてから、肉の茹で汁で煮るといったぐあいに、からだを休めようとしなかった。悲しみをこらえるために、つぎからつぎへと、いろいろな料理をつくっているようだったのである。

つくっているのは、初七日の供えものだった。自分の手で何もかもこしらえるということで、いなくなった子がすぐそばにきているように思いたかったのかもしれない。

俎《まないた》を前にしてうつ向いているか、かまどに火をたきつけているか、わたしの記憶にある母は、うしろ姿だけであるが、手は必ず動いていて、白身のメバルを棒状に切り、小麦粉をころもにして揚げていたり、長めの角形に切った大根をダシ汁で煮たりして、供えの品々をそろえている。供えるものは、このほか、二つにタテ切りにして長さをそろえたゴボウの煮つけ、厚揚げ豆腐、分厚に切った長方形のコンニャク煮しめ、田芋唐揚げなど。

九品の供えものは、重箱に詰められた。詰めかたは重箱を九つに仕切って隙間をつくらないように、きつくおさめるのが沖縄風である。

もう一つの重箱に白い丸餅を詰めて、一対の供えものにするのだが、モチ米を挽くことにまでは手がまわらなかったからであろう、母は白玉粉を買ってきて、水でこね、丸くこしらえて蒸した。

一対の重箱ができあがって、白位牌の前に供えた母は、お線香をあげなさいとわたしをうながす。正式の葬式をしなかった幼児の初七日なので、線香をあげて手をあわせるのは、身内だけである。

供えものを身内だけで食べ、近所の家へ配るなどして、まことにひそやかな初七日であった。

初七日がすむと、間もなくふた七日である。

初七日の時と同じように、母はだまりこんだまま、重箱に詰めて供える品々をつった。みなぬか、よなぬかと、七日がまわってくるごとに、母は怠らずにかまぼこをつくったり、肉を煮しめたりする。

やがて四十九日がきた。悲しみをこらえるためのように、また死んだ娘を意識から離さず、身近にいると感じていたいためのように、霊前への供えものをつくっていた母の様子に、だんだん明るさが現れてくる。母は気を取りなおしていくようだった。

妹が一人欠けた淋しさをまぎらせようと、わたしはワンパクどもとの遊びにふけっていたが、四十九日を境に、白位牌はていねいに燃やされ、亡き妹の霊は朱塗りの位牌におさまる。四人家族となった一家の暮らしが、それなりに落ちついてくるころ、わたしはいなくなった妹を忘れまいとして、部屋に寝ころんでいる時など、目を閉じて、丸顔だった妹を瞼に見ようとすることが、よくあった。ところが、日が経つにつれ、幼い丸顔の目鼻立ちを、スミからスミまでハッキリと思いだせなくなってきたのである。

ハッと目をひらいて、あたりを見まわし、ハッキリ思いださせる手がかりの一つもないことがわかって、ひどいあせりを感じたものだ。

可愛い顔を撮った一枚の写真さえないのである。思い出にある顔は、すこしボケてきたけれど、今のうちなら、自分の手で画用紙に写しておけるかもと考え、鉛筆で描きだした。だが、小学生の手で、そっくりの似顔絵が描けるはずはなかったのである。

悲しい日の一汁膳

　とにかく食事をして下さい。ノドに通らないかもしれないけれど、やっぱり食べておかなければ――と妹がいいながら、だまって座ったままのわたしにさしだした黒塗りの膳に視線を落とした時、記憶の底に沈んでいた沖縄のしきたりが浮かびあがったのである。

　そうだった。これが葬式をする家の食事だった、とわたしは思いだしたのである。膳の上にあるのは、汁と白飯の二品だけだ。

　まったく忘れていたのもムリはない。わたしの家では、家族が四人となって以来、誰かが世を去るということがなくて、五十年余りも、みんな健在だったのである。さきの大戦争で、親戚からもたくさんの死者が出たのに、わたしの家では、一人も欠けなかった。葬式のしきたりなど、長い間、わたしの一家にとっては、必要なかったのである。

しかし、いつかは人間の寿命も尽きるのであり、わたしたち兄妹は、とうとう父と別れなければならなくなった。

数え年の八十五になると、沖縄では祝宴を催す。若いころは弱そうだった、と一族の年寄りたちは父のことを話していたが、その父が八十五歳まで生きてくれたのだから、わたしたち兄妹は、シアワセを感じたのである。

八十五歳の祝いがすんだ翌《あく》る日、つぎは八十八の米寿を祝いましょう、あと三年ですよ——と、わたしがいったら、父は、さてどうかな、となにゆえか、ためらいの色を見せ、しばらくだまっていた。

そうだね、では気張ってみるか、とハッキリ答えるまで、自分の心に問うているようにみえたのである。

やがて八十八歳になった年の夏、沖縄の風習では八が重なるのに因んで、旧暦八月八日を祝いの日としているので、いよいよ近づいた——とわたしが招待すべき客についての相談をすると、父は、この盛大な、人生最高のことと沖縄の人たちが考えている晴れの宴を催してもらえるのが、気恥ずかしいと思っているみたいだった。

何気ない調子で父は昔話をしたのだが、それは若いころの父が、自分の周辺で見聞したことのようで、貧しい家では、八十八歳になろうとする親がいると、家族がヒソヒソと相談していたそうである。

たしかにあのころ、父が育った周辺には、貧しすぎる家が多かった。父自身も貧窮きわまった家に生まれている。親につかえることを最高の美徳とする士族たちであっただけに、親が米寿を迎えるということになると、セッパ詰まった気持ちになるのも、せんない仕儀だった。

なにせ人生最後の盛宴なので、産を傾けても催すべきであるが、傾けるものがない。といってやめてはならない祝いなのだから、家族は途方にくれたのである。

一方お祝いをされる年寄りが、ものごとを深刻に考えなくなっていればともかく、その年寄り自身も、長生きして家族にめいわくをかける心苦しさに嘆息したという。

こんな切ない話をよそごとのように語っている父の本心は、長生きして子に失費させることをあやまっているのではないか、とわたしには感じられた。

思いだすと八十五の祝いがすんだあと、つぎは米寿を祝いましょうとわたしが励ました時のためらいは、これ以上世話をやかせてはならないのではないか、と自問自答しているためだったにちがいない。

家族ばかりか、一族にとっての長老として、いろいろなことの相談に応じる立場となっている父は、自分たち一家の暮らしが昔と違い、気楽に生きていられることを知っているはずだったのに、貧しさのなかで身につけた、自分をきびしく規制する習慣から離れられなかったのであろう。子の世話になっている自分をつつしむ気持ちが強かったのである。

いずれにしても、めでたく父が八十八歳で、母は八十五歳、妹は還暦と重なっている一家の祝いを、わたしとしてはにぎやかに催したつもりであるが、翌年の秋に、父は世を去った。

あとで、あれこれ思いあわせると、この世にいて子の生きざまを見守るという自分のつとめは終わったと考え、そろそろあの世にいらっしゃるご先祖への孝行をしにいきたくなっていたらしい。自分の親たちがあの世で待っていることを強く意識するようになっていたことが、父の死んだあとでわかったのである。

たとえば、一族の系図は、王朝が終焉したあたりで記述が絶え、どう父につながっているか、わたしにもわからなかった。死の前、何かを思いだしながら書いているのを妹が見ている。遺品を整理する時、箪笥の引出しから現れたそのメモには、父にいたる血筋の名が記されていた。

秋のはじめ、可愛いがっているネコにアイスクリームの味を覚えさせていた父は、ネコのオヤツを買いに出かけて、カゼをひいたという。寝こんで数日後の朝、先夜の眠りから覚めないまま息を引きとっていたのである。

知らせで東京からかけつけたわたしは、父の満足そうな顔を見た。

すでに親族や沖縄にいるわたしの友人たちによって、葬式の仕度がはじまっている。

柱時計は振り子をとめられて、動かない。文字盤にも紙が貼られて、わが家は時を失っていた。壁にかけられている絵にも、テレビにも、白い紙が貼られて、はなやかな物のすべてが存在を隠されている。喪に服しているというしるしであった。

この日から葬式の終わるまで、三度の食事は一汁だけなのである。

汁にもきまりがあって、ごく小さいサイコロ形に切った豆腐のすまし汁だ。汁をすって、白いご飯を食べるというしきたりには、わたしといっしょにかけつけた家内がおどろいたらしい。

家内は東京生まれである。通夜の客には酒肴が出て、もてなす品で贅をつくすということもあるのを知っているので、豆腐汁だけの食事がつづく簡素なしきたりは、意外だったであろう。

昔の沖縄では、喪に服すとともに、男はヒゲをそらず、女は髪をくしけずらないで、ひたすら死者のために悲しんだというが、そういう思いが食事にも現れている、とわたしは感じた。

悲しみが深いと、食はすすまない。

ノドに通らないご飯をお汁で食べるのが、食事どころでない心境となっている場合は、むしろ適切だといいたい。

父を送って三年半ののち、妹が去り、また年を越して、母があの世へいったのだが、思えば、父の米寿を祝ったころが、わが家のはなやいだ黄金時代だったようである。

黒塗りの膳に一汁と白飯という食事は、わたしたち夫婦のもとから肉身が相ついで旅立つはじまりだったわけだ。

うらめしや文明殿

郷里の「そば」について書く前、念のために国立国語研究所によって編集された「沖縄語辞典」の「Suba」の項を見た。沖縄の言葉で「そば」は「すば」だからである。

すると、つぎのようにあった。「蕎麦。そばきり。昔は身分の高い者のみが食べた。明治の中ころからは、そば屋が夜などに、うどぅん、すばあ、と声を長く引いて町を売り歩いた」と。

明治の末に生まれて、大正の世に少年期を過ごしたわたしは、そういうそば屋の声を聞いた覚えがない。コドモだったころの記憶でハッキリしているのは、母方の祖父につれられて那覇の街へいった時、あの店で「しなすば」を食べよう、といわれ、とてもシアワセな気分になったこと。

「しなすば」というからには、当時の日本人が「しな」と呼んでいた中国のそばと縁があることを意味していたと思う。

那覇の「辻」という色町には、何軒かの料理店があったけれど、もっぱら数人以上の宴会をひらくためにあり、港の近くにあるメシ屋には、そそくさと腹ごしらえをする勤め人しかいかない。といったわけで、女性やコドモづれの外出をした場合に、何か食べたくなると、「しなすば屋」に入るほかなかったのである。

つましい暮らしの人々にとって、たまに街で「しなすば」を食べることは、なかなかの楽しみになっていたようだ。店によっては、壁に「生そば」もあるという貼り紙をしてあったが、注文する人はまるでいない。いったい「生そば」とは何だろう？と好奇心を起こしたわたしが注文してみると、「しなすば」をうまいと感じるわたしの味覚が受けつけないヘンな、色の黒いそばが現れたのである。あとで、これがいわゆる「日本そば」だとわかった。

一般の、「しなすば」をおいしいと感じる人々が「日本そば」になじめなかったせいであろう、関心はもっぱら「しなすば」に向いて、いつしか「すば」といえば「しなすば」のことにほかならなくなり、ということになると、よけいな「しな」は省略されて、「すば」または「そば」で通用するようになったのである。

では「しな」からの渡来品みたいな名の「すば」が、どんな成行きで、いつのころから沖縄に現れたかということになると、どうもわからない。

東京に出てきたころのわたしは、お腹がすく度に郷里でおいしく食べた「すば」を恋しいと思ったものだ。中華料理店のそばなら、同じような味かも、と期待して試したけれど、まるで違う。

ただ一度だけの経験だが、第二次大戦の末期、台湾の台北にいたわたしは、同郷の知人と会い、沖縄のすばが恋しくないか、よく似ているそばのある店を見つけたから、いっしょにいこう——と誘われたことがある。喜んでついていくと、日本人の姿をほとんど見かけないような、地元の人ばかりで小社会をつくっている街の一隅に、こわれかかっている家があった。

電灯がないらしく、ほの明るいランプの点《とも》っているせまい店の中で、顔もよく見えない人影が一つ。何やら碗からすすっている。黒い影が食べているのはそばだとわかったので、わたしたちも同じものを注文した。食べてみると、うどんに近い太さの麺で、なるほど沖縄の「すば」に似ていたのである。

似ているだけで、同じではなかったし、汁はまるで違うのだが、その麺に沖縄の「すば」とのつながりを感じたのは事実だ。

何が似ているかといえば、かつてわたしが親しんだ「すば」と同じように黄色い麵だったことである。

「すば」はどういう方法でつくるか、ときいて、つぎのように教えられたことがあった。

まず灰と水とでアク汁をつくる。煮炊きするには薪を燃やすという時代なので、灰はたくさんかまどにあった。かまどの灰なら良質である。この雑物の混ざっていない灰を使って得たアク汁で、小麦粉を練ったという話だ。

小麦粉をこねてのばして、コシの強い「すば」ができるようにすると、うどん、そばと同様に切って茹でる。ころあいをみて引きあげ、ざるにとると、すぐに豚あぶらをまぶす。「すば」屋の表から見える調理場には、あぶらで光っている「すば」がざるに盛りあげられていたのを思いだすのだが、すでに黄色くなっていた。客の注文があると、この「すば」を手ざるにとって、湯に通し、丼に入れて、汁を注ぐのである。

汁は豚の骨を煮てつくるのだが、「すば」の薬味として刻んだネギ（沖縄の人はビラといい、ワケギに似ている）を軽く振りかけ、さらに蒸し豚肉の大きな切れを二つ、三つ添える――という仕組みだ。汁は薄い塩味であり、食べようとする口より先に、鼻がこの「すば」特有の香りを感じたのである。特有の香りは、麵がアク汁で練った麵であること、および豚あぶらをまぶされていることで生じるようだった。その二つの不思議な調和で、食欲を誘いこむ香りになったといってよかったのであろう。その香りに迫力があるのも道理で、丼の中は熱気が満ちている。熱さが香りをより強くしているのだから、丼も手に持てないくらいだ。

真夏の暑さで、全身から汗が噴きだす状態になっていても、わたしたちは、熱いもののうまさを喜んで味わったのである。

かつて「しなすば」と呼んでいたことから察して、もともとは「しな」の方角から渡ってきたにせよ、ついには中国風から離れて沖縄風に仕上げられた麵の傑作だった、とわたしはいいたい。

だが、文明は人の暮らしを便利にする半面、食べるものの味を必然的に変えていく。

昭和年代に入ってしばらくすると、街の中心となっているところでよく繁昌している店の「すば」ほど、だんだんコシがなくなった。使う材料は同じだが、麵つくりを機械にまかせているため、頼りない味になったのである。

お昼どきには、会社勤めの人たちから、数をまとめての注文があって、たいへん忙しい。出前係の兄さんは、蓋つきの丼を、ふち高の大きな台に二十近くもならべ、この台を頭にのせて自転車に乗るという熟練の妙技で街を走らなければならなくなっていた。

つくる量が増えれば、機械にまかせるのもムリはなかったのである。

おかげで、街はずれの、ささやかに営まれている店の「すば」がおいしい、といわれるようになった。またかえって田舎の「すば」が、昔の味だと「すば」好きがホメるようにもなったのである。客が少なくて、麺つくりを機械にまかせるほどの量を必要としないので、主人が手打ちにするためだったこと、いうまでもない。

そして今どきは、ラーメン屋が、街のどこにでもあるようになった。よそでの生活をして、日本そばになじんだ人も多くなったためか、日本そばの店も少なくない。区別する必要が生じて、近ごろは「沖縄そば」と呼ぶことになっている。

しかし皮肉にも沖縄のオリジナルらしい名がついたら、「そば」の味が昔と変わった。友人の話によると、アク汁がつくりにくくなったせいではないか、というのである。なるほど今は、すべての家がガスを燃料とする時代なので、かまどの灰がない。

これは「すば」でなく、うどんではないか、と通りすがりに「沖縄すば」の店で食べ、失望することばかり。ただし麺が変わったかわり、具に凝る傾向は強くなった。「そうきそば」という名の丼には、豚の骨つきあばら肉が添えてある。たぶん中国の「排骨麺《パーコー》」から思いついたのであろう。

いずれにしても昔ながらの「すば」を食べたい、と思う度、現在の自分が恩恵に浴している文明をうらむという相反した気持ちになる次第。

山羊を薬にする話

かつて中国人である料理長が「食べておいしいだけでは、いい料理といえない。おいしくて、しかもからだのためになり、自分たちをより丈夫にするのが、ホントのいい料理だ」と、わたしに語った。

彼の言葉に、中国人の食べものに対する考えが現れているのだが、そう聞いた時、わたしは郷里の人たちが、ごちそうを食べた口から発する言葉を思いだしたのである。

郷里の人たちは、よくごちそうさまという意味の言葉とともに、いいクスリになりました、と礼を述べていた。

栄養のある物がお腹に入れば、生命のクスリになると考えてのことであろう。日ごろ質素な食事をしている人ほど、クスリになったという言葉をよく口からだしたのである。

特にクスリという言葉をしきりに聞くのは、山羊を食べる場合だった。山羊は沖縄の言葉で「ふぃいじゃあ」である。だから、久しぶりに山羊を食べようじゃないかということになると、「ふぃじゃあ・ぐすい」しよう、といった。

クスリが沖縄風になまると、「くすい」であり、「くすい」になるごちそうの最たるものが、「ふぃいじゃあ」なのであった。

「ふぃいじゃあ」はベエベエと鳴く——とコドモたちの耳には聞こえるらしく、わたしの好きなわらべうたに、こういうのがある。

いったあ、あんまあ
まあかいが？
ベエベエぬ草刈ぃが
ベエベエぬまさ草や
はるぬ若みんな

解釈をすると——。

お前の、かあさん
どこへ（いった）？
ベエベエの草刈りに（いったよ）
ベエベエのうまい草は
畑の若みんな

ということになるだろう。「みんな」という草が山羊の好物だそうだ。

首里・那覇のような街で、山羊を飼っている家はなかったようであるが、農村へいくと、風にそよぐ砂糖キビ畑の向こうに見える茅葺き家の裏手あたりから、姿は見えないけれど、ベエベエという声が聞こえたりする。

白い雲の浮かぶ空の下に、砂糖キビ畑がひろがり、間に芋畑がはさまれているといった農村の午後は、山羊の声があって、けだるい夏らしくなった。

その山羊は、いずれクスリになる運命である。

わたしが経験したのは、何度か山羊汁を食べさせられたことだけなので、肉が椀に入る以前の様子についてはまるで知らない。いや、ある時、オトナになりかかっている少年が、木の幹につながれている山羊の角を両手でつかみ、力まかせに押すと、山羊は踏みこたえて、ビクとも動かず、しばらく押し角力《ずもう》がつづいたものの、とうとう山羊は一歩も下がらなかった——という農村風景を見たことがあった。

山羊はなかなか力持ちのようだが、とにかく飼い主が「ふぃいじゃあ・ぐすぃ」したくなり、あるいは売られたりすると、わが身の力を人間へ与えるという運命から逃げられない。

ほかにごちそうとてない昔の農村では、たとえばよそから何人かの大事な客がきて、十分なもてなしをしなければならないということになると、さっそく山羊汁をこしらえたのである。

また一族の集まりがある場合も、打ちそろって「ふぃいじゃあ・ぐすぃ」した。といってひんぱんにあることではなく、ゆえにクスリを食べる思いで、たまさかの山羊汁に箸をつけたのである。専門の料理人などいるはずはないので、すべて素人料理だった。

話に聞くと、息絶えて一体の栄養剤となった山羊は、近くの浜辺に運ばれて、全身の毛を焼かれる。そういえば浜辺を歩いていると、何かを焼いたあとに残る焦げた石、木の枝などを見かけることがあった。皮についている毛をとるのが手はじめの仕事なのである。

家に持ち帰って、さらに残っている毛をそぎとってから包丁を入れるのだが、なにしろ素人ぞろいなので、無造作にぶっ切るだけだ。

皮ごと切り分けたら、大鍋で水煮する。煮えると塩味をきかせるという、まことに素朴な料理だった。かくて大鍋いっぱいの汁から、山羊の肉ならではの匂いが立ち昇って流れる。

これは消しようのない匂いだ。近ごろ羊の肉がたくさん日本に輸入されて、西洋料理店の材料になっている。匂いに対して好き嫌いのひどい人は、羊の匂いにヘキエキして、食べず嫌いになるようだが、山羊肉の匂いは羊と似て、強さは何倍も――。

強烈な匂いがまず鼻にきて、手に持つ山羊汁の椀を口へ近づけかねるほどだ。

たしか何かの団体に加わって、那覇から山の多い村へいった時だったと覚えている。わたしたちは、村の集会所で山羊汁のもてなしを受けた。さあ熱いうちに、といって渡された大椀に、少しでも持つ手を傾けたらあふれそうなくらいに盛ってある。

手に持てないほど椀が熱いのに、汁の表面にはちっとも湯気が立っていない。それは当り前で、山羊の皮下にはかなりの厚さで脂肪の層があり、あぶらがとけて、汁の表面に張っているためだ。

どうぞといってすすめられたおろし生姜を汁に入れて、幾らか匂いが消されるかと期待しながら、ソッと椀のふちを口に近づける。

湯気が立たないのにダマされて、ゴクッと飲んだために、しつっこい熱さのあぶらで舌をヤケドした人も多いので、山羊汁には気をつけるのが、沖縄での常識だ。息を吹きつけてさまし、おそるおそる飲む汁は、まさにコッテリした味である。味の深さと熱さで、ちょうど寒い季節の饗応なのでよかったものの、もし真夏だったら、全身の汗とひきかえに、クスリをお腹におさめる始末となっただろう。

ところで、匂いの強さはともかくとして、山羊の肉は、うまいものだ。肉の味にしつっこさがなく、さわやかなうま味は、なるほどすばらしい栄養剤だと信じたくなる。

好きな人にいわせると、肉もおいしいけれど、とろけている皮が一段といいそうだ。わたしが汁の中から、皮つきの肉をつまみあげると、とろけた皮が肉を離れて落ちようとし、つまみなおして口に入れると、さすがに匂いは皮に強く、しかし舌の上でとける味がとてもいい。

食べているうちに、冷たい風を浴びているからだが、汗ばんでくる。ようやく大椀いっぱいの山羊汁をお腹におさめると、もう一杯いかが？　ときた。

いっしょにもてなされている人たちを見れば、早くも二杯目を食べていたりする。もてなされるのは山羊汁だけで、山羊汁というものは、何杯でもおかわりをもらって、「くすい」にするのが、ならわしだというし、ただの一杯では、せっかくの振舞いに対して失礼だから、二杯目の大盛りを食べ終わると、わたしは椀と箸をおいた。

沖縄の山羊料理は、そういうものである。同じ山羊でも、海近くの野原で、潮風に吹かれている草を食べて育ったのが、一段とおいしい——と、山羊好きの人が聞かせてくれた。あの匂いがキツクないと、もっといいのにね、とわたしがいったら、山羊の匂いにヘキエキするようでは沖縄の人といえない、と戒められたのである。

ついでに山羊についての話を聞くと、山羊汁を熱のある病人に食べさせてはいけないそうだ。山羊だけでなく、アヒルも汁仕立てにして食べることがあり、どっちもあぶらが多すぎるため、胃の弱っている病人が消化不良を起こし、悪化することもあるという。

どうやら「ふぃいじゃあ」は、健康体にとってのクスリみたいである。内臓が達者なら汁の表面に張っているあぶらをケロリと消化して、元気モリモリということになるわけだ。

さて、昔は特別な機会に「ふぃいじゃあ・ぐすい」にありついたのであり、ザラにある果報ではなかったのだが、近ごろは飲食業の繁栄するにつれて、街にたくさんの「山羊料理」という看板をかかげる店ができている。

大料理店ではなく、たいていはささやかな商売だ。むしろ「泡盛」を飲ませる店で、山羊汁を用意している例が多く、わたしもアルコール度の高い「泡盛」とあぶらっ気の多い山羊料理は、相性がいいにちがいない、と思う。

山羊汁が好きになれなくて、沖縄の人といえるか——という言葉を裏づけるように、こういう店では、模範的地元人が、勤めに疲れたからだを「ふぃいじゃあ・ぐすい」で盛り返し、「泡盛」でゴキゲン上々のていだ。

そして昔は話に聞いたこともなかった山羊肉の刺身まで、いつの間にか現れ、一方、山羊のキンタマを山羊料理の高級品として食べさせる店もあるとか。食べた人にきくと、ナマのまま薄切りにしてあり、ケッコウな風味だというのである。

いかなるクスリになるのだろう？　と尋ねると、礼讃する人が答えた。

味覚の「くすい」です、と。

実だくさんの汁物

沖縄の家々で、食事のためにこしらえる料理は、一般的にいうとほとんどが煮もの、炒めもの、揚げもので、焼きものがなかった。
かまどに薪をくべて火をおこし、燃える炎で鍋に入れたものを煮炊きするという仕組みの構造だったので、焼きものには不向きだったのである。魚などを焼くとすれば、炭火が必要であり、中流以上の暮らしをしている家では、冬になると、火鉢に炭火を起こしてからだを温めていたが、その炭火を料理に使うことはいたって少なかった。

煮る料理の主流は汁物である。それも実だくさんの汁だ。汁を味わい、実を食べ、どっちにも満足するためにつくられる沖縄風汁料理は、なかなかリッチで、使われる器も大型である。

一汁一菜は、質素な料理の見本ということになっているが、沖縄の家庭で、やや大型の器に盛って食膳に出される汁ものは、一汁と一菜をこれ一つでかねていた。

一般の家庭で、日常に食べるものとしてこしらえられていたのは、豆腐汁である。汁は味噌仕立て、豆腐は包丁で切らずに、指で割るのだが、これは割合大きなカタマリだ。青い野菜も刻むのではなく、ザク切りにして入れる。

今でこそ生野菜の味を知るようになっているが、当時は、必ず煮て食べた。日本料理の場合だと、青い野菜を煮すぎたら、色の冴えがなくなるばかりか、風味も減じるというので、さっと茹でるだけだのに、沖縄の人たちは、色が変わろうとかまわず、クタクタになるまで煮たのである。明治の末ごろか大正年代に入ってからか、ほうれん草の栽培もようやくさかんになったのだが、それも煮くずれしたのを食べていた。

ついでにいうと、若いうちの野菜が持つ風味にはあまり神経を使わず、何でも育つだけ育てて食べたのである。おかげでほうれん草は五十センチ以上の高さとなり、菜っ葉も伸び切ってしまう。こうも伸びた菜っ葉だと、クタクタに煮るのが適当だったかもしれない。

味噌は、大豆で手づくりする家が多かった。母のつくった赤味噌のおいしさを、わたしは忘れかねている。

いうまでもなく豆腐は中国風だ。木綿漉しの固さに、沖縄豆腐の風味があったのである。豆腐に固める前の、煮汁に白い雲がフワフワと浮かんでいるような状態を「ゆし豆腐」といい、これを好物とする夫のため、朝早く豆腐屋へ買いにいく妻が多かった。

「節日」や「折り目」につくられる汁ものの代表が、例の「そうき汁」と「てぃびち」で、豚肉料理の眼目といっていい。

「そうき汁」は、豚のあばら骨についている肉を、骨ごと適当な大きさに切って煮る。この肉は脂肪に富んでいて、香りがすばらしい。つけあわせに昆布および冬なら大根、夏は冬瓜《とうがん》の角切りを使い、ゆっくり煮こんでできあがる「そうき汁」ときたら、軽く骨ばなれする肉は舌の上でとろけるほどとなり、滋味あふれる汁とともに、一家をシアワセにしたのである。

一方、「てぃびち」は、豚の足首を煮こむ。豚の足先も煮こんで食べるが、それを「ちまぐぅ」といい、料理としての格は低い。この足首にも当然毛があって、料理する妻女たちは、毛根までキレイに除くため、ずいぶん手間をかけた。掃除の行き届いた足首を皮つきのまま骨ごと、箸でつまみやすい大きさに切り分けてから煮るのだが、皮と骨との間にある白い身は脂肪のようで、実はゼラチン質であり、皮やゼラチン質には味がないため、肉ダシと鰹節ダシで煮こむということでおいしい汁料理に仕上げる。「そうき汁」と同じように、昆布と大根（冬瓜）を取りあわせるのがきまりだ。

書き残しの品数点

煙もうまいつけ焼き

母の手料理で、思いだす度に恋しさひとしおなのは幾つもあるが、その一つは豚肉のつけ焼きである。

使う肉はロースだった。薄切りにして、少量の白砂糖を混ぜた醬油につけておく。しばらくして、七輪にのせた金網で二、三枚ずつを焼いたのであるが、肉からあぶらが滴って炭火に落ちると、ケムリが立ち昇り、食膳を前にして待つわたしへ流れてくる。ケムリはけむたいものだが、豚肉をあぶっている七輪からのケムリは、口より先に鼻を陶酔させた。

鼻へのごちそうとして、うなぎを蒲焼きにする匂いがあるけれど、この匂いには、蒲焼きを食べたあとのゲップが鼻に抜けた時のイヤな気持ちが前ぶれのようにつきまとう。

ところが、豚ロース肉のつけ焼きたるや、それ自体がゲップを起こさない。当時の豚肉が良質だったせいもあって、肉のおいしさに、ほのかな甘味、焼けた醤油の香ばしさ、さらにいささか焦げた肉の堅さが口の中でまとまり、母のいる果報を感じさせたのである。

もともと沖縄の料理は、煮る、炒める、揚げるのが主で、蒸すのが少なく、焼く料理ときたら、ほとんどないといっていいくらいだった。

ある日突然、はじめて母が七輪で肉を焼きだした時、こんな料理もあったのか、とおどろいたのである。

しかし母流儀の焼き肉を、ついによそで食べたことがない。

いずれにしても豚ロースのつけ焼きほど、ご飯のおかわりをさせるオカズは、ほかになかった。

少年期のわたしは、なぜだか、たくさん食べようとしなかったせいもあったのだろう、背丈だけが伸びて、ヤセていたし、母にとっては心配のタネだったらしい。

沖縄の人たちは、肥っているのをシアワセの象徴とみるクセがあり、おあいそのつもりで、よく肥っていますね、などといったりする。母がわたしの家内と初対面した時、よく肥ったね、といったのは、嫁を喜ばせるためだったようだが、肥ることを気に病む女性の多い時代に、面と向かって、そういう言葉を与えられた家内は、母の真意を解しかねていた。昔の常識は通用しなくなったのである。

それはともかく、わたしに向かって、肥っているねという言葉をかける人はいなくて、かえってヤセているのを身内は案じていた。

ぜひとも、たくさん食べるように仕向けなければというので、母が苦心の作は、どうやら豚ロースのつけ焼きだったようである。

いりち・ちゃんぷる

家庭でつくる惣菜料理のうち、富める家でも貧しい家でも、必ず食膳にだすものの代表は、「ちゃんぷる」で、これは強い火で鍋のあぶらを焼き、手早く豆腐などを炒めた料理のことだ。豆腐との取りあわせにはモヤシ、夏だと苦瓜を使う。らっきょうを使うこともあるし、ニラを使ったりもするが、とにかく毎日食べてもあきないのは、その「ちゃんぷる」だ。

鰹節の削ったのを、ほんの少しだけ加え、軽く塩をふるだけの味つけだのに、おいしく食べられるのは、豚あぶらを使うためである。

沖縄のモヤシは、太くて短く、噛むとサクサクと気持ちよい音を立て、年中市場で売っているから、人々にとってもっともなじみの深いものだ。

市場で売っているオバさんは、買い手を待ちながら、モヤシの頭に残っている皮と、尻尾をとっている。完全につくろってあるので、たいへん食べやすいわけだ。めんどうくさがって、尻尾をとってないモヤシをそのまま料理に使うなど、沖縄では常識の外なのである。

おいしく食べるには、めんどうなことをイヤがってはならない。と母親たちは娘に教えていた。

わたしがよく思いだすのは、日暮れ方に街の横丁へ入ると、あちこちから、何かがあぶらで炒められるケタタマシイ音が聞こえたことである。

強く焼いたあぶらに豆腐をほうりこんだ時の音はホントにさわがしい。その音を聞いて、遠くから、あの家のオカズは「ちゃんぷる」だな、とわかるほどひびき渡った。

一方、炒め料理として、「ちゃんぷる」とならぶ「いりち」がある。

「いりち」は、強い火ですばやく仕上げる「ちゃんぷる」と違い、ゆっくりと炒め煮することだ。

細く糸切りにした昆布と薄揚げ豆腐、できれば豚肉の同じ薄切りを取りあわせてつくる「昆布いりち」は、家庭料理の花形といっていい。わたしの母もそういう「昆布いりち」をよくつくっていたが、もう一つ、わたしの味覚に余韻を残しているのは、イカと昆布の「いりち」である。

イカを輪切りにして、短冊切りの昆布とともに炒め、醬油で味つけするようだったが、のちに料理店をひらいた妹が、このオカズの味をもう一度――と望むわたしのため、そっくりの「イカいりち」をこしらえたけれど、思い出にある味と違っていた。料理のプロフェッショナルになっている妹が首をかしげて、どうして母の「イカいりち」はあんなにおいしかったのでしょう、と母の手並みを再確認したのである。

ところでよそから沖縄へくる人たちは、昔から沖縄の人がよく昆布を食べていたと聞いて、不思議そうにいう。「昆布は南の海でとれるものではないでしょう？　遠い北の海でとれた昆布が、南の沖縄でさかんに食べられたことに、何かわけがありますか」と。

察するに沖縄が王国だった時代に、黒砂糖をはじめいろいろな産物が海を渡って送られると、支払いは昆布でなされたのではなかろうか。

たくさん届く昆布を始末しなければならないので、沖縄の人たちは、セッセと食べたにちがいない。

昆布を受取らされるのが、うれしいことだったか、迷惑なことだったか、とにかくおかげで、昆布をよく食べる習慣が生じ、ひいては人々の栄養となって長生きすることに役立ち、女性の髪も黒々と伸びたのであろう。

あそび心の花イカ

「花イカ」は、お祝いの料理に色を添える品だ。沖縄の言葉で「くぶしみ」という肉の厚い、甲イカの一種に細工してつくる。

簡単につくりかたを話せば――「くぶしみ」をひらいて、薄皮をとり、幅八センチくらいの長方形に切ってから、タテに幾つもの切りこみを入れるのだが、もちろん包丁の切っ先が裏へ抜けてはならない。

こうして「くぶしみ」を茹でると、切りこみがひらく。そこで、裏表とも食紅で染め、七、八ミリの厚さに横切りしていくと、断面がおもしろい形になるわけだ。

食紅で染めてあるために、断面のふちどりがハッキリして、たとえば蟹の形になっているとか、何の形やらわからないけれど、とにかくおもしろくできている――といったぐあいである。

要するにタテの切りこみをすることで、横の断面が何かの形になると思えばいいだろう。

料理を楽しむ人は、自分なりのくふうで、独自の形をこしらえ、ひそかな楽しみにした。いわばいつも他人のために、いい料理をつくろうと心がけてはたらき、食べる側より楽しいことの少なかった料理人の遊び心がこういう形で現れたのである。数ある料理の中で、目を楽しませるものの一つだ。

この芋まさに紫色

日本で一般に「さつまいも」といわれている甘藷——スウィート・ポテトを沖縄では単に「いも」と呼ぶのだが、農家が常食としている時代には種類も多かった。「あかぐう」「くらがあ」「泊くるう」など、自分が好きだった芋の名は今も覚えている。とりわけわたしが好きだったのは「泊くるう」で、皮をむくと、外側は白っぽく、シンが紫色だった。この紫色の細長い棒状になっている部分は、ぐるりの白い部分からポロリと離れるのがおもしろく、甘味も強かったのである。

しかし常食にしている人たちは、あんまりおいしい芋だと、二、三日もつづければあきてしまう。毎日食べるには味の薄いのがいい、と話していた。

今の沖縄で、わたしがもっとも好きなのは、それを売っている市場のオバさんたちが「べにいも」と呼ぶ品種で、昔は見たこともなく、赤い薄皮をむくと、実に鮮やかな紫色が現れる。

昔の「泊くるう」がシンだけ紫色だったのに対して、これは紫色に満ち、ほどよくシットリ、甘味がしつっこくない。

食べたことのなかった人に、「べにいも」の蒸したてをすすめると、食べものとは思えない色に気味悪さを感じるのか、あるいは着色してあるとみるのか、自然の色であることをなっとくさせるまで手をだそうとしないのである。

だが、食べるにおよんで、必ずすばらしい芋ですね、という。

食べものの色が、自然らしくないほど美的なのは、ソンなことかもしれないが、わたしは沖縄の土が育てた傑作だといいたい。

甘藷以外に沖縄でとれるのは「田芋」「ちんぬく」「やまん」など。「ちんぬく」は里芋で、「やまん」は山芋のことだ。

あとの二つについては説明する必要がないだろう。「田芋」という名がついているのは、水のある田に植えられるからのようで、ずいきに似た茎と葉を持っている。里芋の一種で、手ざわりの粗い、黒ずんだ皮に包まれていて、中は濃い灰色となっており、ネバリがあって甘味はない。

煮えているのを皮をむいただけで食べてもいいのだが、一センチくらいの厚さに輪切りして唐揚げするのが、食べかたとして適当だ。軽い醤油味にした唐揚げは、重箱に詰める品の一つになっているし、一方、甘い料理にも使われる。甘くしたのを「でんがく」という。

京料理の「でんがく」とはまったく違っていて、むしろ「きんとん」に似ているのではなかろうか。

一応茹でた田芋を切り分け、鍋で砂糖湯をつくると、その中に入れてかきまわすうち、湯にも溶けるし、溶けないのはカタマリのまま残るといったぐあいで、「きんとん」風の甘い料理になるわけだ。

祝いの膳につきもので、使う砂糖が黒なら田園調、白だと都会風ということになる。

なお茎は、味噌汁に入れたり、「泡盛」を蒸溜して残るカスで和えたり、後者は酒飲みのお気に入りだ。

軽妙な味みぬだる

沖縄のごぼうは、匂いが強くて太い。嚙めばサクサクと、歯切れのよさが格別である。

いつごろはじまった料理かしらないが、豚ロース肉のごぼう巻きを考案した料理人は、豚肉とごぼうの味が調和することに気づく味覚を持っていたにちがいないと思う。

簡単につくり方をいえば、ロース肉は薄切りにしたうえ、叩いてのばす。皮をこそげとったごぼうを肉にあわせた長さに切り、水につけてアク抜きしてから、これを肉で巻きこむ。

煮汁は鰹節のダシに若干の砂糖、塩、醬油などを加えてつくり、弱火でゆっくりと、巻いた肉を煮こむわけだ。

ごぼうを巻いてある肉がほどけては、サマにならないから、ごぼうの水気をよく拭き、しっかりと肉を巻きつけることがかんじんである。

こうしてできた「ごぼう巻き」は、冷えてからでも十分においしい。肉の味にごぼうの匂いがついて、その香りを味わうための料理だといってよかろう。

弁当に適した料理としては、「ごぼう巻き」とならんで「みぬだる」があり、名前のいわれは不明であるが、これはロース肉に胡麻の風味をつけた料理だ。

胡麻を炒って、すぐに鉢ですりはじめる。胡麻のあぶらが滲み出て、十分にネバっこくなるまですらなければならない。そのすり胡麻に醬油、みりんなどを入れて、タレとしての味をととのえてから、三ミリくらいの厚さに切ったロース肉をつけておく。

二時間もつけておけばいいだろう。つぎは湯気の立っている蒸し器にならべて、強火から中火に落とし、肉が煮えてタレもシッカリと肉につく状態にするのだが、「ごぼう巻き」同様、冷えてなおおいしく、栄養価も高い。

わたしの妹がひらいた琉球料理・美栄の名物は、「東道盆」（とぅんだあぶん）に盛りつけた七、八種の前菜で、その中に「みぬだる」と「ごぼう巻き」を入れるのがきまりだ。「東道盆」は、かつて王家の人々が遠出する際に、とりどりの料理をおさめた、六角形の大きな漆器で、中が七つに仕切られている。赤の色鮮やかな漆に金蒔絵が施されているとか、堆錦《ついきん》で風景を浮彫りしてあるなど、そういう美しい器の蓋がとられ、料理の色どりが現れた時、野に遊ぶ貴人たちは、さぞ喜んだことであろう。

台湾の台北市にある故宮博物館で、わたしは似た形のすばらしく豪華な漆器を見た。だから「東道盆」の形は、中国の影響で生まれたものではなかろうか。

ぶくぶくはいかが

かつて那覇の東町市場で、昼さがりに見る風景だったが、大きな日傘を張った下に陽をよけて、片膝立ての姿勢で座り、沖縄の織物染物を前にならべて売るおかみさんたちがいた。

髪を沖縄風に結って、わざと形をくずし、タテ縞の着物に前結びの細帯という姿は、世なれた商売人らしい。

反物ばかりでなく、鰹節を売っているオバさんもいて、どなたも背筋をのばし、顔を高々とあげている様、自分たちは那覇人だと誇っているかのようである。かくも誇り高い那覇女なので、品物を手にとる客にお世辞をいうでなく、買っても買わなくても、態度を変えなかった。

このおかみさんたちが、お茶を欲しくなるころ、物売りの娘が現れる。手にさげているおかもちに入っているのは、ご飯茶碗くらいの器に高々と盛りあげた白い泡であった。あれはなんだろう、と那覇人でないわたしが見たこともない売りものに興味を感じ、市場を通り抜けようとしていた足を、しばらく止めて、様子をながめていると、おかみさんの一人が、一碗を買い求め、おもむろに泡をなめだしたのである。

つづいて、あっちでもこっちでも、おかみさんたちが娘を呼び寄せ、たちまちおかもちはカラになった。

泡が売りものになるとはおもしろいと思い、知りあいの那覇人に尋ねると、「ぶくぶく」というものだ、と教えられた。

泡がぶくぶく立っているので、「ぶくぶく」というのであろうが、話を聞くと、那覇風のお手前だそうである。つまり茶の泡を味わうわけだ。ヘンな風習だと思ったのだが、よく考えると、ひねもす市場に座っているうちにノドの渇きをおぼえるおかみさんたちにとって、おいしい飲みもの、いや、なめものだったにちがいない。

あんまりお茶を飲むと、つい小用に立たなければならなくなるし、お茶の香りを楽しみながら、泡で口をしめらせるとは、まことにシャレている。

どこかよその国に、同じ趣向のお茶があるかどうか、ついぞ聞いたこともないが、「ぶくぶく」の立てかたを覚えている人に説明してもらったら――。

ネバリ気のない米――タイ米でもいいし、玄米でもいいのだが、それに日本の白米も少々混ぜて炒り、キツネ色にする場合の焦がしかげんを誤らないことが、まずたいせつだという。

そして釜に湯を沸かし、炒り米を入れて煮こむ。ほかに上等の中国茶、粗い番茶、および好みによって二、三種の主に中国茶を混ぜあわせ、味をブレンドしてからやかんに入れこの炒り米の湯を注ぐ。つまり炒り米湯でだしたブレンド茶ができるのであり、木の桶に炒り米湯をやや量多く、炒り米湯でだしたお茶湯を量少なくという配分で入れると、時をおかずにサッサと茶筌で泡立てるそうだ。

上手に泡立てるには熟練した茶筌の使いかたが必要で、またあぶら気を極度に嫌う。少しのあぶら気でも入ったら、泡が立たないとか。

さて、泡があふれんばかりに立ったら、碗に小豆ご飯の少量を入れ、お茶湯をちょっと注いでから、茶筌で泡をすくいとって盛りあげる。泡だから、うまく盛れば、かなり高く盛りあげられるようで、泡のてっぺんには、炒った落花生の刻みを振るという段取りだ。そのお点前、泡をなめるだけだのに、なんとめんどうな、というなかれ。

ブレンドされたお茶と米の香りで、いとも涼しげな舌ざわりとなっているそうで、たとえば青空に浮かぶ雲をながめて目を楽しませるがごとく、口で消えゆく泡をめでる心境はエレガントというほかかない。

那覇には「ぶくぶく」の名手となった婦人が何人もいて、招宴のあとに、お手前をさしあげることがあり、「ぶくぶく」を楽しむ集いもあったのである。

肉料理のあと、「ぶくぶく」の一碗をなめる情景は、さわやかにしてユーモラスだったであろう。

今は、昔の名手から習った婦人の二、三人がいるだけで、このお手前の風習は泡と消えた。

あんだんすと望郷

「あんだんす」とは、リズミカルに聞こえる言葉なので、わたしは好きだ。言葉はリズミカルであるが、食べものとしては、ヤボな部類に属している。そのヤボな味がいいわけだ。

豚肉のひとかたまりを、できれば皮つきで買ってくると、十分に茹でる。茹でたのをサイコロ形に切り、火にかけた鍋に入れると、つぎに味噌をタップリと加え、肉と味噌とがなじむまで炒めたのが「あんだんす」だ。味噌の分量は肉の三倍から五倍くらい。炒め終わると、壺にとっておく。いわば沖縄的な保存食なのである。

小学校の一年生になって、毎朝学校へいくようになると、わたしは、べんとうをつくってくれ、と母にねだった。一年生の授業は午前中で終わるし、学校から家まで五分とかからないので、べんとうは必要ないのだが、勤めにでるオトナも、学校に通う子も、みんな必ずべんとうを持っていくものだ、とわたしは思いこんでいたのである。

自分のためにつくられたべんとうというものを食べてみたい気にもなっていた。

オトナは別として、小学生のべんとうは、ニギリメシときまっていたのだが、当時の母親たちがつくっていたのは、野球に使うボールのように大きく、ご飯の中に例の「あんだんす」を閉じこめたもの一個である。

たいてい芭蕉が手近にあったので、母はこの大きな葉を一枚とってきて、火にあぶった。ナマだと、裂けやすいが、火にあぶると、紙のようにやわらかくなって、ニギリメシを包むのに手ごろだったのである。それをハンケチにくるみ、結び目に指を通して、ブラさげた。

ところが、せっかく持っていったべんとうだのに、学校では食べる時間がない。わたしは、学校のそばにある森の中へ、ひとりで入っていき、松の根もとに腰かけて食べたのだが、ご飯に芭蕉の匂いがついていて、生まれてはじめてのべんとうは、とてもおいしかったのを思いだす。

戦後、沖縄の食生活に洋風と和風が浸透して、食卓にならぶオカズは、昔とだいぶ変わったようだから、今は、「あんだんす」をつくっておく家も少なくなっているにちがいない。しかし、それさえつくっておけば、母が忙しくて、お汁しか間にあわない場合、壺から「あんだんす」を取りだしてオカズにするなど、使いかたはいろいろあったのである。

——というぐあいに、幼いころから「あんだんす」になじんだ人たちは、郷里を離れて、よその土地へいく時、手荷物の中に、「あんだんす」が詰まっている器を入れたりした。

豚あぶらを使っての炒めものや揚げものを食べることが多い沖縄の人たちは、あぶら気のない食べものばかりがつづくと欲求不満になる。

「東京の学校に入って、下宿屋のご飯を食べていると、なにせ下宿屋のメシときたら、味噌汁と煮魚、焼きのりといった献立だったので、だんだんたまらなくなったものです。特にわたしは、豚の肉よりあぶら身が好きだったので、それから離れて二、三カ月も経つと、全身からあぶらが抜けてしまったようになりました。郷里の家でいつも食べていた三枚肉の煮しめなどを思いだすたび、ホントに震えがきたんですよ。たまらなくなって、家へ手紙を書く。せめてあんだんすでも食べたいとね。すると、母がつくったあんだんすが、小包郵便で送られてくる。母はわたしの好きなものを知っていますから、味噌の中に混ざっているのは、白いあぶら身が多かったりして、おかげでやっとからだの調子がよくなるといったことが何度もありました」

と、今は初老となっている紳士が語るのを聞いたこともある。

あぶら気のある食べものが恋しければ、とんかつ屋か中華料理店にでもいけばいいのだが、親はムリして勉学の費用を送ってくるのだし、そのうえ高い下宿代を負担してくれる親への申しわけに、下宿屋のメシを棄権して、そとへ食べにいくというゼイタクを遠慮する孝行ものがいた。

親孝行はともかくとしても、都会での遊びグセがついていない地味な性格の学生が多かったのは事実である。

こういう学生たちは、郷里から「あんだんす」が届くと、同郷の仲間を自分の下宿へよんだり、またよばれたりして、ふる里をなつかしんでいた。

夏休みのころになると、わたしも、ほかの学生たちと同じように、親もとへ帰る。ひと月ばかり家での暮らしを楽しんで東京へ戻るという日が近づくと、どこかのお母さんが訪ねてきて、

「実は、うちの子も試験準備のためといって、この春から東京の予備校に通い、勉強に忙しいとかで、夏になっても帰ってきません。それで、きっとあんだんすが欲しい

だろうと思い、持参しました。どうか息子に届けて下さい」と、「あんだんす」入りの容器をさしだすことがあったのである。

小包郵便で送ればいいのに、と重い荷物が増えることに迷惑を感じたのだが、郵便に託すより直接持っていってもらうのがたしかだと思っている、いいかえると、たしかに息子へ届くことを願っている母親の心情に対しては、イヤといえなかった。

「あんだんす」は、そういう食べものだったのである。

念のために、言葉の解説をすれば——「あんだ」はあぶら。「んす」は味噌のこと。沖縄の言葉で、肉を「しし」というのだが、「ししんす」とはいわないで「あんだんす」と呼んだことに、この食べものの味が現れている、とわたしは思う。

あとがき

思いだすと、わたしがコドモのころから自分の目で見てきた郷里の女性たちは、ほとんどがハタラキモノであった。ガマン強くて、根気があり、女としてのつとめだと自分が信じていることに忠実だったのである。

男女を対等だとする今の考えかたで、あのころの女性をみると、どうしてそれほど男への義理をつくさなければならないと彼女たち自身が思いこんでいたのか、その思いこみようの強さに、むしろ畏敬の念を深くするわけだ。

弱い心を持つゆえに、彼女たちが男に頼り、したがって男のいうことに従順となっていたとは、とても思えない。

手近な例をあげると、わたしの母は、若いころには細っそりとしていて、中年になって幾分肉づきがよくなったものの、とにかくどちらかといえば弱々しかったのに、つらい仕事を根気よくつづけることで、たくましいからだを持つ男に劣らなかったし、また息子であるわたしへの期待を裏切られて、幾度となく失望したはずだが、ついにグチをこぼさなかったのである。

たぶん何もかも胸におさめて、心で押さえ、ジッと見ていようと思っていたのではなかろうか。

さらに母の妹で、わたしにとって叔母に当る人は、姉よりもっと弱々しかったのに、弱々しいままで姉以上の苦労に耐え、今も長生きしているものとしてのつとめを果すほどの強さだ。

つまり気性の強さは、男にまさっていたといっていい。心が弱くて、男に従順だったのではないのである。

自分のことをいうなら、わたしは男に生まれて、たいへんトクをした。どういうトクをしたかといえば、年をとっていくにつれてだんだんわかってきたのだが、父はもちろん母も妹も、男の子であるわたしの人生をよくするため、それとなく守っていたように思われる。おかげでわたしに気苦労がなかった。

これは要するに、家系の栄えを男に託すという沖縄的考えかたの現れにほかならないのだが、そういう時代はすでに去ったとみるべきであろう。

もはや今の女性たちは、昔と考えかたを変えている。近ごろの女性たちにとって、昔の女性たちが男に示した従順さは信じられないだろう。当然くるべき時勢となっただけのことであるが、いずれにしても、「沖縄料理」と総称されている料理の数々は、根気のいいハタラキモノであった女性たちによって味をつくられ、今に伝えられているとわたしはいいたい。

郷里の料理を食べながらいつもわたしが連想するのは、セッセとはたらく女性の姿だ。彼女たちの性格が、料理に現れているということである。

朝日文庫版あとがき

この『料理沖縄物語』を書いている間、いつもわたしの脳裏にチラつくのは、母の姿だった。沖縄の料理について物語をしてみたいと思い立つと、当然自分の食べたものが頭に浮ぶわけで、自分が食べたものといえば、やはり母がつくったものということになる。

しかしわたしは、料理本を書くつもりはなかった。料理に託して、沖縄の女たちが描く風俗絵図をお見せしたかったのである。だから、わたしの目に見える近景にいるのは母だったとしても、向うの世間にあまたいる女たちの姿を必ず意識していた。念のためにいっておくと、わたしの母はまったく読み書きができず、おそらく母にとっての痛恨事は、小学校にさえいかしてもらえなかったことだったにちがいない。

母が生まれたのは、南海の小王国だった沖縄が明治政府によって王制を廃され、日本領土に組みこまれて「沖縄県」となってから、八年経ったころである。やがて日本い。政府による学校教育もはじまり、それを沖縄の人たちは「やまと学問」といっていた。かつて王に仕えていた旧士族の中には、「やまと学問」を拒む風潮があって、母の親たちも、娘を学校へいかせようとしなかったそうである。

こうして母は無筆をかこつことになったのだが、のちに語ったことによれば、学校でどんなことを教えているのかとても気になり、どこかへお使いに出た時は、ちょうど授業中の校舎に必ず近寄り、軒下にたたずんで、窓から聞こえる先生の話に耳を傾けて、あきることがなかったという。母たちの世代になると、「やまと学問」がどうのという気持ちは失せて、特に母の場合は、新知識への欲求が強くなっていたらしい。

しあわせとは学校へいくことだと一途に思いこむようになっていた母は、息子の教育についてばかりか、知りあいに出来のいい子がいれば、親にすすめて進学させることにまで熱心だった。

ところでわたしの父と母が生まれ育った首里の金城は、下級士族の家が多く、両親ともに貧苦の中でおとなになっている。王国時代から下級士族の女たちは織物をよくし、金城の芭蕉布には名品が多かったと伝えられていて、もちろん母も、夫婦ともばたらきで暮らしにゆとりが出てからも、家族に着せる布を織っていた。だが、織りものはともかくとして、当然貧しい食事の日々を送ってきたであろう母が、いつの間に料理上手となったのか、わたしにとってはまことに不思議である。

いつだったか、わたしはつぎのような話を聞いたことがあった。首里の一部で信じられていたことであるが、頭脳を使って仕事をする人には、あたまの栄養になる食事を与えなければならないということである。あたまの栄養になる食べものとは、要するにうまい料理のことだったようだ。

沖縄の人がうまいものといえば、豚肉の料理にきまっている。赤身の肉をはじめ、ゼラチン質の皮と足、内臓にいたるまで、ほとんど余すところなく料理に使われたといっていい。ただし脂肪そのものである白身は、あたまのはたらきを鈍くすると考えられていた。そうはいっても、好きな人にとって、格別にうまいのは脂肪の層——つまりこの白身である。白身にこもる風味が堪らないといって、時折り食膳に出る豚肉の赤身は妻女やこどもたちへ、自分はもっぱら白身を食べて生命をちぢめるご主人様もいたくらいだ。沖縄芝居の有名な歌劇「薬師堂」には、王府で執行される科挙（昔の官吏登用試験）に落弟した若者が、「お母さんのせいだよ、あぶらばかり食べさせて」とボヤく歌があって、客席を笑わせる。

考えると、わたしの母は、没落したままとなっている家の誇りを息子に託し、あたままをよくして勉学に励ませるため、うまい料理をつくることに精出したのではなかっただろうか。といって実は息子は第二、第一には夫のためだったはずだ。

古くから沖縄の女が至極はたらきものであったことは定評のあるところで、彼女たちは一家の収入に貢献したばかりでない。労をいとわない女でなければ、おいしく仕上げることのできない料理が思いのほかに多く、彼女たちは、それが当り前のように、決して手抜きをしなかった。いや、手抜きする術を知らなかったといってもいい。

しかも一家の暮しを経済と食事の両面から支える貴重な存在となっていたのに、思いあがることもなく、従順な心を失わなかった。今は男女のありかたについての考えが変わってきて、対等の立場になったことを意識するようになっている。男がどうであれ、男にしたがうという損な立場から解放されたのは、彼女たちのためにいい時世がきたことになるのだが、とにかく直接的には母から、ひいては世間あまたの女たちのはたらきによる恩恵をうけた男の一人として、彼女たちへの讃辞を、この本にこめたつもりだ。

古波蔵保好の旅の行方

与那原 恵（作家）

古波蔵保好の『沖縄物語』と『料理沖縄物語』を読んだときの感動は忘れがたい。大正期から昭和初期にかけての首里や那覇の暮らしや料理がおだやかな筆致で綴られ、配されたうちなあぐちが沖縄人の心根を鮮やかに伝えていた。それはたんなる追慕ではなく、悲しみや痛みもふくんだ愛しい時間を、手のひらにつつむように温めていたのだと理解したのは、ずいぶんあとのことだ。

I

保好は、私にとって母方の「大伯父」にあたる。私は子どものころから母に、食やファッション、映画や演劇をテーマにエッセイストとして活躍する彼のことをよく聞かされていた。ときおり雑誌で見かける彼は、ヨーロッパの雰囲気を漂わせるダンディな人だった。

私が彼とはじめて会ったのは一九九〇年の秋で、十九年ぶりに「琉球料理　美栄《みえ》」を再訪したことがきっかけだった。まもなく保好から電話をもらい、中華料理をごちそうになりながら楽しいおしゃべりをした。それからイタリアンやフレンチなどいろいろな店やオペラに招待されたこともある。

保好の話はいつも楽しかった。とくに、戦争が起きるずっと前の沖縄の風景や行事などは、なんだか夢のように美しく、目の前にその光景が浮かんできた。彼独特の軽やかなユーモアは沖縄の明るい光や吹き抜ける風を思わせた。

会うたびに彼の装いが楽しみだった。ワインレッドのニットを着ていたときには同じ色のルビーの指輪をしていたし、鮮やかな山吹色のコーデュロイのスーツはイタリア製で、そんな色を着こなせる八十歳をすぎた日本人はそうざらにいるものではない。こんなすてきな人と一緒に歩けるのが私はうれしくて仕方なかった。

保好が世を去って、すでに二十一年がたつ。彼の人生をたどりながら、ふたたび保好との会話を楽しんでみたくなった。

首里金城町は、琉球王国の面影をかすかに残す一帯である。士族の家がつらなった傾斜のきつい坂の町だが、王国時代からの石畳が戦禍をのがれてかろうじてあり、往時の足音が聞こえてくるようである。一九一〇年、明治四十三年、保好はこの地で士族・古波蔵家の十三代目として生まれた。いまも残る生家跡のすぐそばの御《う》嶽《たき》（聖域）にはアカギの大木が繁る。

彼が幼いころ、首里の古いしきたりと言葉は生きており、女たちは日々、家族のために芭蕉布を織るのをつとめとしていた。細い芭蕉の糸を機に通し、絣の柄を合わせていくには落ち着いた心でなければならず、〈女たちが単調にゆっくりと、それぞれの人生を織るリズム――〉が石畳の坂道に響いていた。

古波蔵家は、最初に生まれた男児を早くに亡くし、つぎに誕生した保好はひとり息子として、ぶじに成長することをつよく望まれた。彼の体格はいかにも「首里人」らしい風情で、生涯にわたって細めのスタイルを維持したけれども、母親はヤセギスの息子を案じてせっせとおいしい食事を用意しつづけ、彼いわく「欲深い味覚」を育てることになった。

とくに肉料理や肉ダシに親しんでいたことが、後年、欧米の料理をなんなく受け入れる舌をつくったのだろう。

古波蔵一家は、保好が六歳になるころ、那覇の安里《あさと》に転居した。那覇は商店が軒をつらね、芝居小屋や映画館がにぎわい、路面電車が走るモダン都市だ。万事保守的な首里人にくらべ、進取の気風に富む那覇人とは気質もちがうけれど、那覇の暮らしも楽しんだ。

ところで沖縄には、戸籍上の名とはべつに「童名《わらびなー》」をもつ風習があり、保好は「マカレエ」と名付けられ、友人たちは保好をそう呼んだ。安里の子どもたちの遊び場は、崇元寺である。王家の廟所でもある古刹は、白い花を咲かせる梅の木、開花を待ちわびた桃の木などが美しい。梯梧《でいご》の赤い花の甘い蜜をなめたり、ガジュマルの木に登ったり、マカレエは満たされた幼少期をすごしたのだった。

沖縄県立第一中学校（現首里高等学校）を卒業した彼が学友とともに上京したのは、二七年春のこと、十七歳になる直前である。紺サージの詰襟服に鳥打帽、父のオーバーコートをはおった保好は、神田区西小川町の下宿屋に荷物を置き、すぐに街へ飛び出した。

那覇とはまるでちがう都会に驚きながら歩くうち、映画館「南明座」（神保町）を見つけ、ためらいもなく入ったのは町っ子らしい。映画を観終わると、あたりは雪が舞っていた。彼が初めて体験する雪だった。

〈それからのわたしはむやみに歩きまわる日を重ねた。どこかいってみたくなれば、途中の様子も見たいので、ひたすら歩く。（略）沖縄で買った新しいクツがたちまちボロボロになると、丈夫な兵隊グツを買ったが、このクツでさえ、わたしの好奇心を運ぶには弱すぎるくらいだった〉

翌年、外交官を夢見ていた彼は東京外国語学校印度部貿易科（麹町区）に入学。まもなく、在京沖縄人青年の演劇グループに加わり、俳優を志望するようになる。三〇年にプロレタリア演劇活動で知られた「左翼劇場」に入団してしばらくすると、せりふもつくようになり、小沢栄太郎と同じ舞台にも立っている。

ファンの女学生が下宿に押しかけてくるという出来事もあったのだが、左翼思想は弾圧され、保好も警察に逮捕されてしまう。厳しい尋問を受けたが、ガンとして口を割らずに通した。このため学校は中退を余儀なくされ、三一年に帰郷することになった。

保好が「沖縄日日新聞」記者として歩みだしたのは、その年の秋である。当時の新聞記者は「正業」とはみなされなかったといい、両親は〈風船のようにフワフワと〉生きる息子を見守ることにしたようだ。その後、「沖縄日報」、「大阪毎日」那覇通信部と、社は変わりながら沖縄での記者生活を送ることになる。彼がおもに担当したのは社会面で、町の話題のあれこれを綴った読み物風の記事や複数のコラムを手がけ、のちにエッセイストとなる基礎をこの仕事で培った。

連日深夜におよぶ執筆がようやく終わるころ、猛烈な空腹を感じた彼が行く先は、花街の「辻」である。深夜零時をすぎると料亭も店じまいとなり、働く人たちの夜食の時間に保好はやってきて、洗練された辻の料理のご相伴にあずかったというわけだ。

保好がふたたび上京するのは四〇年である。辻一番とうたわれた美女との大恋愛は周囲も認めるところだったのだが、結局添い遂げられず、精神的な痛手となったことが理由らしい。「東京日日新聞」（戦後「毎日新聞」に統一）社会部記者となってほどなく、沖縄出身の先輩記者の娘と結婚。四三年に長男・保男が誕生するものの、妻との〈縁はきわめて薄かった〉ということで、保好は家庭を出て別居生活をつづけ、のちに離婚にいたる。

四四年十月、保好は那覇全域が壊滅に追い込まれた「十・十空襲」の報を知る。翌四五年四月、沖縄本島に上陸した米軍は六月末まで激しく攻撃。沖縄住民約十万人、日本軍約九万人の戦死者を出し、ようやく熾烈《しれつ》きわまる沖縄戦は終結した。

II

戦後沖縄は米軍施政下に置かれ、広大な基地を建設していたが、その実情は知られなかった。米軍政府が厳しい情報統制を敷き、本土のジャーナリストの入域を許可しなかったからだ。そんななか四十歳の保好の行動は、彼の芯にある気骨を感じさせる。

五〇年春、戦後初の物資運搬のための船が沖縄に向けて出航するという情報を入手し、上司の理解を得て、「密航」が企てられる。まず毎日新聞社に辞職願を提出して「大阪商船」の事務局長に採用された体裁をととのえる。船会社も、連合国軍占領下の新聞人の意気をよしとして協力したのだ。神戸港を出航して三日目、夜が明けるころ那覇港に着岸。――けれど目の前の那覇、首里一帯は、かつての面影を失うほど荒れていて、そこが故郷とはしばらく判断がつかないほどだった。

米軍は船長の上陸しか許していない。保好が上陸方法を考えあぐねているとき、荷役作業のため十数人の沖縄人作業員が船内に入ってくる。そのなかに知人がいたのを目ざとく見つけ、取材目的を話すと、ただちに「わかった。引き受ける。荷役作業員のふりをして、私のジープに乗れ」といい、そばにいた作業員の仕事着を保好に着せたのである。わずか数分のこと。こうして小銃をかまえる米兵の前をまんまとすり抜けるという、映画さながらのワンシーンだった。

ジープでしばらく行くと、道の向こうにむかしからの友人が歩いてくるのが見え、声をかけると、「マカレエ！」と駆け寄ってきた。潜入のわけを知るや、取材の手配をすすめてくれ、二日後に船が出航するまで、沖縄本島中部から南部を走りまわる。すぐに記事を執筆したのだが、密航取材が判明し、米軍は彼の沖縄入域をこののち十四年間におよんで拒否するのだ。

独身生活をつづける彼の住まいは、毎日新聞社の社員寮や小さなアパートだ。家には執着しないが、服や食はおろそかにしない。お気に入りの英国人テーラーの店ができたのでスーツを仕立て、ソフト帽をかぶり、銀座界隈を歩き回っている。ようやく保好を満足させるレストランも生まれつつあった。「孤独の時間」を愛した彼の好奇心は、初めて上京したときと変わらなかった。

それでも月に数度は中学生になった息子・保男をデートにさそい、ともにウェスタン映画を観たり、お気に入りのミステリー小説を語り合ったりもしている。保男にとっての父とは楽しい遊び相手であり、進路を相談することもなかったというけれど、唯一の父の教えは「本物を知っておくことだね」だった。

五六年の暮れ、論説委員となった四十六歳の保好に一本の電話が入る。相手は戦争末期、毎日新聞社に入ってきた「イキのいい女性」、鯨岡阿美子である。かつて保好は十二歳年下の彼女に文章指南をしていて、久しぶりの再会となった。阿美子は戦後、日本テレビに入社し、ファッション番組を担当している。

彼女と夕食をともにしたあと四谷の家に送った彼はその晩、泊まっていき、それがなんと数ヵ月になり、ほどなく結婚、という急展開に周囲はびっくりするのだった。

それからの阿美子は、先駆的ファッションプロデューサーとして海外でも活躍し、多くのデザイナーや技術者を育てることになる。保好は「つぎに何をしでかすのかわからない、おもしろい女」と楽しそうに鯨岡を評している。

保好がアメリカの映画関係者の招待でワシントンに行ったのは六二年。まだ海外渡航に制限があった時代だ。取材を終えると、ひとりニューヨークを二週間も気ままに歩き、すっかり魅了されてしまった。それからは、ファッションの勉強も兼ねてひんぱんに欧米諸国を旅する阿美子の同行をつづける。好奇心と食欲が旺盛な「ウマがあう」ふたりだった。

六五年に毎日新聞社を定年退職した保好は、エッセイストとして多数の本を刊行していく。なかでも『ステーキの焼き加減』（一九七九年）は、きちんとした食材と、丁寧な仕事をする料理人への敬意にあふれた一冊だ。自然の恵みがもたらす食材を活かす料理人の腕は、あくなき研究と丹念な手仕事があってのことで、美しい盛り付けもふくめ、惜しみない称賛を送った。料理のひと皿には土地の歴史や文化、育まれた美意識、満ちたりた時間をもたらすための創意や工夫、そのすべてが込められている。彼はそれを繊細かつ軽やかに描いた。

ローマのオーソ・ブッコ、パリの野ウサギ料理はフォアグラとトリュフが巻き込んである。ニューヨークのアルメニア料理、台湾の極上スープの麺。東京で食す肉汁したたるステーキやフカヒレの煮込み。ウィーンのケーキ、ロンドンで観劇の幕間にのむミルクティー。

ローマの裏町で老夫婦が営む食堂ですばらしい料理に出会えば、何度も通った。京都の日本料理店など国内の店もふくめ、その料理のひとつひとつをいきいきと描き、舌の感触、香り、食後の余韻までもが伝わってくる。ときに料理人と会話を楽しみ、店内の客の様子も観察しながら、美味を五感で受け止めたのだった。

Ⅲ

彼が沖縄に帰ることができるようになった六五年からは、しばしば足を運んだ。病床に伏す妹・登美に毎朝の楽しみを与えるために「琉球新報」に連載したコラムが、のちに『沖縄物語』（一九八一年）にまとめられ、二年後には『料理沖縄物語』が刊行された。

遠い日の沖縄人の声、表情、彼らをつつむ風景、匂い、母の手による料理のかずかず——。そのすべてが細やかな愛情あふれる文章で綴られていて、これほど色彩鮮やかな「うちなあ」を抱いていたとは胸を打たれるばかりだ。密航取材のために生じた空白の年月が、故郷の歳月を反芻《はんすう》させる機会をもたらしたのだろうか。

鯨岡阿美子が急逝したのは八八年二月のことだ。まさか自分が残されるとは思いもしなかった保好だが、それからもひとり六本木に暮らし、友人を招いて料理店に出かけ、生きる楽しみを手ばなすことはなかった。季節をめでる料理の数々、テーブルを囲む顔ぶれ、そのときの会話も二度とはない場面で、人生の残り時間を意識しはじめた保好にはかけがえのない時間だった。

晩年に刊行した『骨の髄までうまい話』（一九九七年）では鯨岡阿美子との思い出の料理店が多数登場している。八十半ばをすぎたのに文章は若々しく、さみしさを微塵も感じさせない。それでも全篇をつうじて食事をともにした陽気な阿美子の姿がたしかにそこにある。保好らしい妻への鎮魂だったのだろう。

かつて鯨岡阿美子は保好について〈主人はつまり沖縄のサムライなのね。権力武力財力と縁のない小さな島で、自分たちの誇りを保つには、何かはかれないもので磨くほかない。それが守礼なの。（略）自制心が強い、痛さに強い。悲しさにも強い──〉と語っていたが、彼女が世を去ったあとの保好の姿でもある。

保好は最期の日々を「美栄」の一室ですごし、幼いころに食べたのと同じ料理を味わった。彼の〈味覚のふるさと〉、帰る場所があったからこそ、旅をつづけることができたのだろう。

息子の保男とともによく出かけたのは、なつかしい崇元寺境内だった。古いガジュマルの木が残っている場所にたたずみ、言葉もなく、ショートピースをくゆらせていたという。きっと「マカレエ」の耳元には、にぎやかな子どもたちの声が聞こえていたのだろう。

二〇〇一年八月、古波蔵保好は九十一歳で〈人生の旅〉を終えた。今でも彼との食事の場面、愉快な会話、街を歩くうしろ姿をよく思い出す。そんなふうに思い出す人がいる幸福をかみしめている。保好おじさまが私に残してくれたすてきな贈り物だ。保好は最期に「僕は好きな仕事をして、好きな場所に行き、好きなものを食べ、好きな服を着て生きた。何も思い残すことはないよ」と語ったそうだ。その言葉は充実した人生を堪能したというばかりではないと思う。そうあるために、しなやかなつよさを保ちつづけていたのだと気づいた。彼は沖縄人であることを誇りにして生きてきたのだと、会話の端々からもつよく感じられた。ずぬけた味覚を養ったのも沖縄である。

人は誰でも味覚のふるさとを持っているといい、それでも〈味のふるさとを出て、好奇心にそそのかされるまま〉、〈世にあるもろもろの味を求める人生の旅〉もいいものだと書いているのは、いかにも彼らしい。

（Coyote No.51（株式会社スイッチ・パブリッシング刊）掲載記事を一部修正）

本書は一九八三年六月に作品社より単行本として刊行された後、一九九〇年一月に朝日文庫として刊行されました。このたびの刊行に際しては作家・与那原恵氏にご協力をいただき、当時の時代背景と作品的価値、および著者が故人であることなどを考慮して極力原文のままとしています。

本文挿画／原田俊二

|著者| 古波蔵保好　1910年（明治43年）3月23日、沖縄県那覇市首里出身。エッセイスト。東京外国語学校（現東京外大）印度部貿易科中退。'31年沖縄日日新聞社（のちの沖縄日報社）に入社、'38年大阪毎日新聞社那覇通信部に転職し、'40年に上京。東京日日新聞社（のちの毎日新聞社）川崎通信部を経て本社社会部の記者となり、'56年から同新聞論説委員としても健筆をふるった名文記者。'65年に定年退社後は、評論家、エッセイストとして活躍。著書に『沖縄物語』『料理沖縄物語』（本書）など。『沖縄物語』で昭和56年度日本エッセイスト・クラブ賞を受賞。文筆以外でも第1回MFUベストドレッサー賞を受賞するなど、幅広い分野で評価が高い。2001年（平成13年）8月30日逝去。

料理《りょうり》沖縄物語《おきなわものがたり》

古波蔵保好《こはぐらほこう》

2022年5月13日第1刷発行

発行者――鈴木章一

発行所――株式会社　講談社

東京都文京区音羽2-12-21　〒112-8001

電話　出版（03）5395-3510

販売（03）5395-5817

業務（03）5395-3615

Printed in Japan

講談社文庫

定価はカバーに表示してあります

KODANSHA

デザイン―菊地信義

本文データ制作―講談社デジタル製作

印刷―――株式会社KPSプロダクツ

製本―――株式会社国宝社

ISBN978-4-06-528005-8

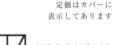

講談社文庫刊行の辞

二十一世紀の到来を目睫に望みながら、われわれはいま、人類史上かつて例を見ない巨大な転換期をむかえようとしている。

世界も、日本も、激動の予兆に対する期待とおののきを内に蔵して、未知の時代に歩み入ろうとしている。このときにあたり、創業の人野間清治の「ナショナル・エデュケイター」への志を現代に甦らせようと意図して、われわれはここに古今の文芸作品はいうまでもなく、ひろく人文・社会・自然の諸科学から東西の名著を網羅する、新しい綜合文庫の発刊を決意した。

激動の転換期はまた断絶の時代である。われわれは戦後二十五年間の出版文化のありかたへの深い反省をこめて、この断絶の時代にあえて人間的な持続を求めようとする。いたずらに浮薄な商業主義のあだ花を追い求めることなく、長期にわたって良書に生命をあたえようとつとめるところにしか、今後の出版文化の真の繁栄はあり得ないと信じるからである。

同時にわれわれはこの綜合文庫の刊行を通じて、人文・社会・自然の諸科学が、結局人間の学にほかならないことを立証しようと願っている。かつて知識とは、「汝自身を知る」ことにつきていた。現代社会の瑣末な情報の氾濫のなかから、力強い知識の源泉を掘り起し、技術文明のただなかに、生きた人間の姿を復活させること。それこそわれわれの切なる希求である。

われわれは権威に盲従せず、俗流に媚びることなく、渾然一体となって日本の「草の根」をかたちづくる若く新しい世代の人々に、心をこめてこの新しい綜合文庫をおくり届けたい。それは知識の泉であるとともに感受性のふるさとであり、もっとも有機的に組織され、社会に開かれた万人のための大学をめざしている。大方の支援と協力を衷心より切望してやまない。

一九七一年七月

野間省一

講談社文庫　目録

芥川龍之介　藪の中
有吉佐和子　新装版 和宮様御留
阿刀田　高　ナポレオン狂
阿刀田　高　新装版 ブラック・ジョーク大全
安房直子　春の窓〈安房直子ファンタジー〉
相沢忠洋　「岩宿」の発見〈幻の旧石器を求めて〉
赤川次郎　偶像崇拝殺人事件
赤川次郎　人間消失殺人事件
赤川次郎　三姉妹探偵団
赤川次郎　三姉妹探偵団2〈キャンパス篇〉
赤川次郎　三姉妹探偵団3〈珠美・初恋篇〉
赤川次郎　三姉妹探偵団4〈怪奇篇〉
赤川次郎　三姉妹探偵団5〈復讐篇〉
赤川次郎　三姉妹探偵団6〈危機一髪篇〉
赤川次郎　三姉妹探偵団7〈駈け落ち篇〉
赤川次郎　三姉妹探偵団8〈人質篇〉
赤川次郎　三姉妹探偵団9〈青ひげ篇〉
赤川次郎　三姉妹探偵団10〈父恋し篇〉
赤川次郎　死が小径をやってくる〈三姉妹探偵団11〉
赤川次郎　死神のお気に入り〈三姉妹探偵団12〉
赤川次郎　次女と野獣〈三姉妹探偵団13〉
赤川次郎　心地よい悪夢〈三姉妹探偵団14〉
赤川次郎　ふるえて眠れ、三姉妹〈三姉妹探偵団15〉
赤川次郎　三姉妹、呪いの道行〈三姉妹探偵団16〉
赤川次郎　三姉妹、初めてのおつかい〈三姉妹探偵団17〉
赤川次郎　恋の花咲く三姉妹〈三姉妹探偵団18〉
赤川次郎　月もおぼろに三姉妹〈三姉妹探偵団19〉
赤川次郎　三姉妹、ふしぎな旅日記〈三姉妹探偵団20〉
赤川次郎　三姉妹、清く貧しく美しく〈三姉妹探偵団21〉
赤川次郎　三姉妹と忘れじの面影〈三姉妹探偵団22〉
赤川次郎　三姉妹、舞踏会への招待〈三姉妹探偵団23〉
赤川次郎　三人姉妹殺人事件〈三姉妹探偵団24〉
赤川次郎　三姉妹、さびしい入江の歌〈三姉妹探偵団25〉
赤川次郎　静かな町の夕暮に
赤川次郎　キネマの天使〈レンズの奥の殺人者〉
新井素子　グリーン・レクイエム〈新装版〉
安能務 訳　封神演義 全三冊
安西水丸　東京美女散歩
綾辻行人　殺人方程式〈切断された死体の問題〉
綾辻行人　鳴風荘事件 殺人方程式II
綾辻行人　十角館の殺人〈新装改訂版〉
綾辻行人　水車館の殺人〈新装改訂版〉
綾辻行人　迷路館の殺人〈新装改訂版〉
綾辻行人　人形館の殺人〈新装改訂版〉
綾辻行人　時計館の殺人〈新装改訂版〉
綾辻行人　黒猫館の殺人〈新装改訂版〉
綾辻行人　暗黒館の殺人 全四冊
綾辻行人　びっくり館の殺人
綾辻行人　奇面館の殺人(上)(下)
綾辻行人　どんどん橋、落ちた〈新装改訂版〉
綾辻行人　緋色の囁き〈新装改訂版〉
綾辻行人　暗闇の囁き〈新装改訂版〉
綾辻行人　黄昏の囁き〈新装改訂版〉
綾辻行人ほか　7人の名探偵
我孫子武丸　探偵映画
我孫子武丸　新装版 8の殺人
我孫子武丸　眠り姫とバンパイア

我孫子武丸　狼と兎のゲーム
我孫子武丸　新装版 殺戮にいたる病
有栖川有栖　ロシア紅茶の謎
有栖川有栖　スウェーデン館の謎
有栖川有栖　ブラジル蝶の謎
有栖川有栖　英国庭園の謎
有栖川有栖　ペルシャ猫の謎
有栖川有栖　幻想運河
有栖川有栖　マレー鉄道の謎
有栖川有栖　スイス時計の謎
有栖川有栖　モロッコ水晶の謎
有栖川有栖　インド倶楽部の謎
有栖川有栖　カナダ金貨の謎
有栖川有栖　新装版 マジックミラー
有栖川有栖　新装版 46番目の密室
有栖川有栖　虹果て村の秘密
有栖川有栖　闇の喇《らっ》叭《ぱ》
有栖川有栖　真夜中の探偵
有栖川有栖　論理爆弾

有栖川有栖　名探偵傑作短篇集 火村英生篇
浅田次郎　勇気凜凜ルリの色
浅田次郎　霞町物語
浅田次郎　ひとは情熱がなければ生きていけない〈勇気凜凜ルリの色〉
浅田次郎　シェエラザード(上)(下)
浅田次郎　歩兵の本領
浅田次郎　蒼穹の昴 全四巻
浅田次郎　珍妃の井戸
浅田次郎　中原の虹 全四巻
浅田次郎　マンチュリアン・リポート
浅田次郎　天子《てんし》蒙塵《もうじん》 全四巻
浅田次郎　天国までの百マイル
浅田次郎　地下鉄《メトロ》に乗って〈新装版〉
浅田次郎　おもかげ
浅田次郎　日輪の遺産〈新装版〉
青木玉　小石川の家
阿部和重　アメリカの夜
阿部和重　グランド・フィナーレ
阿部和重　A B C〈阿部和重初期作品集〉

阿部和重　ミステリアスセッティング
阿部和重　IP/NN 阿部和重傑作集
阿部和重　シンセミア(上)(下)
阿部和重　ピストルズ(上)(下)
甘糟りり子　産む、産まない、産めない
甘糟りり子　産まなくても、産めなくても
赤井三尋　翳《かげ》りゆく夏
あさのあつこ　NO.6〔ナンバーシックス〕#1
あさのあつこ　NO.6〔ナンバーシックス〕#2
あさのあつこ　NO.6〔ナンバーシックス〕#3
あさのあつこ　NO.6〔ナンバーシックス〕#4
あさのあつこ　NO.6〔ナンバーシックス〕#5
あさのあつこ　NO.6〔ナンバーシックス〕#6
あさのあつこ　NO.6〔ナンバーシックス〕#7
あさのあつこ　NO.6〔ナンバーシックス〕#8
あさのあつこ　NO.6〔ナンバーシックス〕#9
あさのあつこ　NO.6 beyond〔ナンバーシックス・ビヨンド〕
あさのあつこ　待ってる〈橘屋草子〉
あさのあつこ　さいとう市立さいとう高校野球部(上)(下)

あさのあつこ 〈さいとう市立さいとう高校野球部〉
あさのあつこ 甲子園でエースしちゃいました〈さいとう市立さいとう高校野球部〉
阿部夏丸 おれが先輩？
朝倉かすみ 泣けない魚たち
朝倉かすみ 肝、焼ける
朝倉かすみ 好かれようとしない
朝倉かすみ ともしびマーケット
朝倉かすみ 感応連鎖
朝比奈あすか たそがれどきに見つけたもの
朝比奈あすか 憂鬱なハスビーン
天野作市 あの子が欲しい
天野作市 気高き昼寝
青柳碧人 みんなの旅行
青柳碧人 浜村渚の計算ノート
青柳碧人 浜村渚の計算ノート 2さつめ〈ふしぎの国の期末テスト〉
青柳碧人 浜村渚の計算ノート 3さつめ〈水色コンパスと恋する幾何学〉
青柳碧人 浜村渚の計算ノート 3と1/2さつめ〈ふえるま島の最終定理〉
青柳碧人 浜村渚の計算ノート 4さつめ〈方程式は歌声に乗って〉
青柳碧人 浜村渚の計算ノート 5さつめ〈鳴くよウグイス、平面上〉
青柳碧人 浜村渚の計算ノート 6さつめ〈パピルスよ、永遠に〉
青柳碧人 浜村渚の計算ノート 7さつめ〈悪魔とポタージュスープ〉
青柳碧人 浜村渚の計算ノート 8さつめ〈虚数じかけの夏みかん〉
青柳碧人 浜村渚の計算ノート 8と2分の1さつめ〈つるかめ家の一族〉
青柳碧人 浜村渚の計算ノート 9さつめ〈恋人たちの必勝法《マーチンゲール》〉
青柳碧人 霊視刑事夕雨子《ゆうこ》1〈誰かがそこにいる〉
青柳碧人 霊視刑事夕雨子2〈雨空の鎮魂歌《レクイエム》〉
朝井まかて 花《はな》競《くら》べ〈向嶋なずな屋繁盛記〉
朝井まかて ちゃんちゃら
朝井まかて すかたん
朝井まかて ぬけまいる
朝井まかて 恋歌
朝井まかて 阿《お》蘭《らん》陀《だ》西《さい》鶴《かく》
朝井まかて 藪《やぶ》医《い》ふらここ堂
朝井まかて 福袋
朝井まかて 草々不一
歩《あゆみ》りえこ ブラを捨て旅に出よう〈貧乏乙女の"世界一周《ぜろか》"旅行記〉
安藤祐介 営業零課接待班
安藤祐介 被取締役新入社員《とりしまられやくしんにゅうしゃいん》
安藤祐介 おい！山田〈大翔製菓広報宣伝部〉
安藤祐介 宝くじが当たったら
安藤祐介 一〇〇〇ヘクトパスカル
安藤祐介 テノヒラ幕府株式会社
安藤祐介 本のエンドロール
青木理 絞首刑
麻見和史 石の繭〈警視庁殺人分析班〉
麻見和史 蟻《あり》の階段〈警視庁殺人分析班〉
麻見和史 水晶の鼓動〈警視庁殺人分析班〉
麻見和史 虚空の糸〈警視庁殺人分析班〉
麻見和史 聖者の凶数〈警視庁殺人分析班〉
麻見和史 女神の骨格〈警視庁殺人分析班〉
麻見和史 蝶の力学〈警視庁殺人分析班〉
麻見和史 雨色の仔羊〈警視庁殺人分析班〉
麻見和史 奈落の偶像〈警視庁殺人分析班〉
麻見和史 鷹《たか》の砦《とりで》〈警視庁殺人分析班〉
麻見和史 凪《なぎ》の残響〈警視庁殺人分析班〉
麻見和史 天空の鏡〈警視庁殺人分析班〉
麻見和史 深紅の断片〈警防課救命チーム〉
麻見和史 邪神の天秤〈警視庁公安分析班〉

講談社文庫　目録

麻見和史　偽神の審判〈警視庁公安分析班〉
有川　浩　三匹のおっさん
有川　浩　三匹のおっさん ふたたび
有川　浩　ヒア・カムズ・ザ・サン
有川　浩　旅猫リポート
有川ひろ　アンマーとぼくら
有川ひろ ほか　ニャンニャンにゃんそろじー
荒崎一海　門前仲町〈九頭竜覚山 浮世綴(一)〉
荒崎一海　蓬萊橋雨景〈九頭竜覚山 浮世綴(二)〉
荒崎一海　寺町哀感〈九頭竜覚山 浮世綴(三)〉
荒崎一海　小《お》名《な》木《き》川《がわ》〈九頭竜覚山 浮世綴(四)〉
荒崎一海　一色町雪花〈九頭竜覚山 浮世綴(五)〉
朱野帰《かえる》子《こ》　駅物語
朱野帰子　対岸の家事
東　浩紀　一般意志2・0〈ルソー、フロイト、グーグル〉
朝倉宏景　白球アフロ
朝倉宏景　野球部ひとり
朝倉宏景　つよく結べ、ポニーテール
朝倉宏景　あめつちのうた

朝井リョウ　スペードの3
朝井リョウ　世にも奇妙な君物語
有沢ゆう希　末次由紀 原作　〈小説〉ちはやふる 上の句
有沢ゆう希　末次由紀 原作　〈小説〉ちはやふる 下の句
有沢ゆう希　末次由紀 原作　〈小説〉ちはやふる 結び
有沢ゆう希　小説 パーフェクトワールド〈君といる奇跡〉
有沢ゆう希　原作：金田一蓮十郎　脚本：徳永友一　小説 ライアー×ライアー
秋川滝美　幸《こう》腹《ふく》な百貨店
秋川滝美　幸腹な百貨店〈デパ地下おにぎり騒動〉
秋川滝美　幸腹な百貨店〈催事場で蕎麦屋呑み〉
秋川滝美　マチのお気楽料理教室
赤神　諒　神遊の城
赤神　諒　大友二階崩れ
赤神　諒　大友落月記
赤神　諒　酔象の流儀　朝倉盛衰記
赤神　諒　空《うつせ》貝《がい》〈村上水軍の神《しん》姫《き》〉
彩瀬まる　やがて海へと届く
浅生　鴨　伴走者
天野純希　有楽斎の戦

天野純希　雑《さい》賀《か》のいくさ姫《ひめ》
青木祐子　コーチ！〈はげまし屋・立花ことりのクライアントファイル〉
秋《あき》保《う》水《すい》菓《か》　コンビニなしでは生きられない
相沢沙呼　medium《メディウム》　霊媒探偵城塚翡翠《じょうづかひすい》
新井見枝香　本屋の新井
碧野　圭　凜として弓を引く
五木寛之　ソフィアの秋
五木寛之　狼のブルース
五木寛之　海峡物語
五木寛之　風花のひと
五木寛之　鳥の歌(上)(下)
五木寛之　燃える秋
五木寛之　真夜中の望遠鏡〈流されゆく日々'78〉
五木寛之　ナホトカ青春航路〈流されゆく日々'79〉
五木寛之　旅の幻燈
五木寛之　他力
五木寛之　こころの天気図
五木寛之　新装版 恋歌
五木寛之　百寺巡礼 第一巻 奈良

講談社文庫　目録

講談社文庫　目録

稲葉　稔　椋鳥の影〈八丁堀手控え帖〉
伊坂幸太郎　チルドレン
伊坂幸太郎　魔王
伊坂幸太郎　モダンタイムス(上)(下)
伊坂幸太郎　PK
伊坂幸太郎　サブマリン
絲山秋子　袋小路の男
石黒　耀　死都日本
石黒　耀　忠臣蔵異聞〈家老 大野九郎兵衛の長い仇討ち〉
犬飼六岐　筋違い半介
犬飼六岐　吉岡清三郎貸腕帳
石川大我　ボクの彼氏はどこにいる?
石松宏章　マジでガチなボランティア
伊東　潤　国を蹴った男
伊東　潤　峠越え
伊東　潤　黎明に起《た》つ
伊東　潤　池田屋乱刃
石飛幸三　「平穏死」のすすめ〈口から食べられなくなったらどうしますか〉
伊藤理佐　女のはしょり道

伊藤理佐　また!　女のはしょり道
伊藤理佐　みたび!　女のはしょり道
石黒正数　外《げ》天《てん》楼《ろう》
伊与原　新　ルカの方《はこ》舟《ぶね》
伊与原　新　コンタミ　科学汚染
稲葉圭《よし》昭《あき》　恥さらし〈北海道警　悪徳刑事の告白〉
稲葉博《ひろ》一《いち》　忍者烈伝
稲葉博一　忍者烈伝ノ続
稲葉博一　忍者烈伝ノ乱〈天之巻〉〈地之巻〉
伊岡　瞬　桜の花が散る前に
石川智健　エウレカの確率〈経済学捜査と殺人の効用〉
石川智健　60《ロクジュウ》〈誤判対策室〉
石川智健　20《ニジュウ》〈誤判対策室〉
石川智健　第三者隠蔽機関
石川智健　いたずらにモテる刑事の捜査報告書
井上真偽《まぎ》　その可能性はすでに考えた
井上真偽　聖女の毒杯〈その可能性はすでに考えた〉
井上真偽　恋と禁忌の述語論理《プレディケット》
泉　ゆたか　お師匠さま、整いました!

伊兼源太郎　地検のS
伊兼源太郎　巨悪
逸木　裕　電気じかけのクジラは歌う
今村翔吾　イクサガミ　天
入月英一　信長と征《ゆ》く1・2〈転生商人の天下取り〉
内田康夫　シーラカンス殺人事件
内田康夫　パソコン探偵の名推理
内田康夫　「横山大観」殺人事件
内田康夫　江田島殺人事件
内田康夫　琵琶湖周航殺人歌
内田康夫　夏泊殺人岬
内田康夫　「信濃の国」殺人事件
内田康夫　風葬の城
内田康夫　透明な遺書
内田康夫　鞆《とも》の浦《うら》殺人事件
内田康夫　終幕《フィナーレ》のない殺人
内田康夫　御堂筋殺人事件
内田康夫　記憶の中の殺人
内田康夫　北国街道殺人事件

講談社文庫　目録

講談社文庫　目録

講談社文庫 目録

講談社文庫　目録

2022年3月15日現在